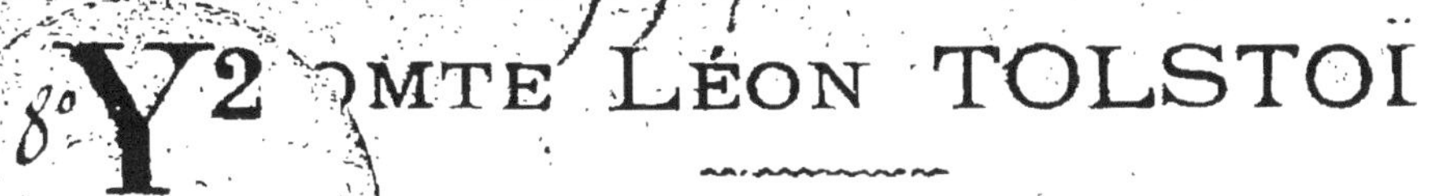

COMTE LÉON TOLSTOÏ

SÉBASTOPOL

EN MAI ET AOUT 1855

— SOUVENIRS —

Traduit du russe par MICHEL DELINES

PARIS
ERNEST FLAMMARION, ÉDITEUR
26, rue Racine, 26.

SOUVENIRS DE SÉBASTOPOL

DU MÊME AUTEUR

Collection des auteurs célèbres à 0 fr. 60 le volume.

Le Roman du Mariage.
La Sonate a Kreutzer.
Premiers Souvenirs.
A la Hussarde!
Napoléon et la campagne de Russie.
Pamphile et Julius.
Les Cosaques.

Collection in-18 jésus à 3 fr. 50 le volume.

Résurrection . . . . 1 vol.
Nouvelle Vie. . . . . 1 —

Traduction Halpérine-Kaminsky, illustrations de L. Pasternak.

TOLSTOI et BONDAREFF

Le Travail. Traduit du russe par Tseytline et A. Pagès. . . . . 1 vol.

ÉMILE COLIN, IMPRIMERIE DE LAGNY (S.-ET-M.)

SOUVENIRS

DU

COMTE LÉON TOLSTOÏ

SÉBASTOPOL

EN MAI ET AOUT 1855

Traduit du russe par MICHEL DELINES

PARIS

ERNEST FLAMMARION, ÉDITEUR

26, RUE RACINE, PRÈS L'ODÉON

SOUVENIRS DE SÉBASTOPOL

PREMIÈRE PARTIE

I

Six mois se sont écoulés depuis que le premier boulet s'est élancé en sifflant des bastions de Sébastopol, pour s'abattre sur les travaux de l'ennemi et les détruire. Depuis lors des milliers de bombes, de boulets et de balles n'ont pas cessé de voler des bastions dans les tranchées, et des tranchées dans les bastions, et l'ange de la mort n'a pas cessé de planer au-dessus.

Des ambitions humaines, par milliers, ont eu déjà le temps de se décourager ; d'autres, par milliers aussi, de s'enfler et de s'assouvir; d'autres encore, par milliers, de s'endormir dans les bras de la mort.

Que de bières et que de linceuls!

Et toujours le canon rugit dans les forts. Et chaque soir, sous le ciel clair, les Français, avec un sentiment d'effroi involontaire, regardent de leur camp ces monceaux de terre crevés par leurs obus dans les bastions de Sébastopol. Ils voient les silhouettes noires des matelots russes glisser sur les remparts et comptent les meurtrières d'où jaillissent les éclairs des canons de fonte.

Et de même, chaque soir, le sous-officier de la marine russe, le télescope en main, du haut de l'échauguette du télégraphe regarde les groupes variés que forment les Français, leurs batteries, leurs tentes, leurs colonnes qui ondoient sur la colline verte et les feux qui éclatent dans les tranchées. Et sans cesse, des extrémités de la terre, des masses d'hommes diverses, ayant des aspirations encore plus diverses, accourent, et se pressent vers ce lieu fatal.

Et la question que les diplomates n'ont pu décider n'a pas encore été tranchée ni par la poudre, ni par le sang.

II

Sur le boulevard de Sébastopol assiégé, autour d'un pavillon, jouait la musique militaire et une multitude d'officiers et de femmes parées se promenaient en vêtements de fête dans les allées. Un clair soleil printanier, qui dès le matin s'était joué sur les travaux de fortification des Anglais, avait passé sur les bastions, ensuite, en ville, sur la caserne Nicolas, et rayonnant de la même joie pour tous descendait vers la mer bleue qui, au loin, dans un balancement rythmé s'argentait de clarté.

Un officier d'infanterie, grand, un peu voûté, sortit d'une maisonnette de matelots bâtie sur le côté gauche de la rue Morskaïa. Il enfilait sur sa main droite un gant d'une blancheur un peu douteuse et se dirigeait vers le boulevard, sur la colline, en regardant péniblement devant lui.

L'expression du visage sans beauté de l'officier ne révélait pas de grandes capacités intellectuelles, mais annonçait la bonhomie, du bon-sens, l'honnêteté et le goût de l'ordre. Il était mal bâti, pas très adroit et embarrassé dans ses mouvements. Il portait une casquette presque neuve, un manteau de drap fin d'une nuance lilas un peu étrange, sous lequel on voyait briller la chaîne d'or de sa montre, puis un pantalon avec des sous-pieds et des bottes de cuir de veau reluisantes.

On aurait pu le prendre pour un Allemand, si les traits de son visage n'avaient révélé son origine exclusivement russe, — pour un adjudant, s'il avait eu des éperons, ou pour un officier ayant abandonné la cavalerie ou la garde pendant la durée de la campagne. Il était en effet, un ancien officier de cavalerie, En ce moment, pendant qu'il montait vers le boulevard, il songeait à la lettre qu'il venait de recevoir d'un ancien camarade, actuellement en retraite, écrite conjointement avec sa femme, la pâle Natacha, aux yeux bleus... avec qui il était lié de grande amitié.

Il se souvenait principalement d'un passage de cette lettre :

« Lorsqu'on nous apporte l'*Invalide*, Poupka (c'est ainsi que le uhlan en retraite appelait sa femme) s'élance dans l'antichambre, s'empare du journal et court au *pavillon*, au salon (dans lequel, tu t'en souviens, nous avons passé si gaiement nos soirées d'hiver, quand ton régiment était en garnison ici) et elle lit le récit de *vos* actes héroïques avec un feu que tu ne peux te figurer. Elle parle souvent de toi :

« — Mikhaïlov, dit-elle, celui-là, c'est un homme ! Je me sens prête à l'embrasser, quand je le reverrai. *Il se bat sur les bastions* et recevra certainement la croix de Saint-Georges... On parle de lui dans les journaux... »

« Vrai, je commence à être jaloux de toi. »

Un autre passage de cette lettre plaisait encore beaucoup au capitaine en second Mikhaïlov :

« Nous recevons les journaux très tard, et bien que nous ayons beaucoup de nouvelles orales, on ne peut croire à tout ce qu'on dit. Ainsi les *demoiselles à musique*, que tu connais, ont-elles raconté hier, que Napoléon III a été fait captif par nos cosaques et expédié à Saint-Pétersbourg. Mais tu comprends le peu de foi que je prête à ces racontars. Nous avons eu la visite du secrétaire d'un ministre, un homme des plus charmants, et comme il n'y a personne, c'est pour nous une grande ressource, comme tu peux te l'imaginer. Eh bien, il nous a assuré que les nôtres ont pris Eupatoria, de sorte que les *communications des Français à Balaclava sont coupées* et que nous avons perdu dans cette affaire deux cents hommes, tandis que les Français en ont laissé quinze mille !

» Ma femme, à cette occasion, a eu une telle joie que nous avons eu fête chez nous toute la nuit, et elle dit qu'elle a le pressentiment que tu as pris part à cette affaire, et que tu t'y es distingué. »

Malgré les passages soulignés, malgré le ton de toute la lettre, le capitaine en second Mikhaïlov se souvint avec un plaisir d'une tristesse inexprimable de sa pâle amie aux yeux bleus. Il se rappela comment il passait des soirées avec elle dans le pavillon et discutait sur le sentiment, il se souvint encore de son bon camarade le uhlan qui s'emportait aux jeux de cartes quand il devait faire la remise, et sa femme se moquait de lui. Il se rappela l'amitié que lui portaient ces deux êtres, peut-être même lui sembla-t-il qu'il y avait de la part de l'amie pâle aux yeux bleus quelque chose de plus. Tous ces visages avec le milieu dans lequel ils vivaient passèrent devant ses yeux dans un nuage rose. Il souriait et toucha de la main la poche dans laquelle il conservait cette lettre.

Ces souvenirs conduisirent le capitaine en second Mikhaïlov à des rêves d'avenir pleins d'espérances.

« Quels seraient l'étonnement et la joie de Natacha, pensait-il en s'avançant dans l'étroite ruelle, quand elle lira tout à coup dans l'*Invalide*, que je me suis emparé du canon et j'ai reçu la croix de Saint-Georges! Je serai capitaine, car je suis déjà présenté pour l'avancement. Puis, il est bien possible que je serai nommé commandant cette année, car il y en a tant de tués! Et combien en tuera-t-on encore au cours de la campagne. Puis viendra une nouvelle affaire, et comme je suis déjà connu, on me confiera un régiment... Je suis lieutenant-colonel; j'ai l'ordre de Sainte-Anne au cou... je suis colonel...»

Il se voyait déjà général, daignant aller rendre visite à Natacha, veuve de son camarade qui dans ses rêves devait être mort à cette époque, lorsque la musique du boulevard l'arracha à ses songes; il aperçut la foule des promeneurs et redevint simple capitaine en second qu'il était.

III

Il s'approcha d'abord du pavillon devant lequel jouaient les musiciens rangés en cercle, des soldats du même régiment tenaient les cahiers ouverts devant eux et remplaçaient les lutrins.

Des scribes, des junkers, des hommes avec des enfants formaient autour d'eux un cercle resserré et regardaient bien plus qu'ils n'écoutaient.

Autour du pavillon des marins, des adjudants et des officiers, en gants blancs, restaient debout, assis ou se promenaient.

Dans la grande allée du boulevard allaient et venaient des officiers de tous rangs, et toutes sortes de femmes, la plupart sans chapeau, avec le mouchoir noué sous le menton, ou en cheveux; il n'y avait pas une vieille parmi elles, toutes étaient jeunes.

Sur la terrasse inférieure du boulevard, dans les allées ombragées et parfumées des acacias blancs, se promenaient ou restaient assis des couples isolés.

Personne ne manifestait beaucoup de plaisir en reconnaissant sur le boulevard le capitaine en second Mikhaïlov, à l'exception peut-être des capitaines Objogov et Souslikov, de son régiment, qui lui serrèrent la main avec effusion. Le premier portait un chapeau de chameau et pas de gants et un manteau râpé, son visage était rouge et en moiteur ; le second criait si fort et avec tant de sans-gêne que Mikhaïlov avait honte d'être vu avec eux, surtout par des officiers à gants blancs. Avec l'un de ceux-ci, l'adjudant Mikhaïlov, il échangea un salut en se disant qu'il pourrait en faire autant avec un autre officier supérieur qu'il avait rencontré deux fois dans le monde ! Quel plaisir pouvait-il trouver à se promener sur le boulevard avec les capitaines Objogov et Souslikov, qu'il rencontrait au moins six fois par jour, et avec lesquels il échangeait chaque fois des poignées de main ?

Il n'était pas venu à la musique pour cela. Il aurait aimé s'approcher de l'adjudant qu'il venait de saluer et parler avec lui et ses amis, non pour que ses camarades le remarquassent mais parce que c'étaient des gens agréables et au courant de toutes les nouvelles. Pourtant, le capitaine en second Mikhaïlov hésita, sans pouvoir se décider.

« Et si par hasard ils ne répondaient pas à mon salut, ou s'ils me saluaient en continuant à parler entre eux, comme si je ne comptais pas, ou s'ils se retiraient en me laissant seul parmi les aristocrates ? »

Ce mot d'aristocrate, pris dans le sens d'élite de chaque classe sociale, a pris dernièrement en Russie, où il ne devrait pas exister, une grande extension. Il a pénétré partout, dans toutes les classes sociales où s'infiltre la vanité, parmi les marchands, les fonctionnaires, les scribes, les officiers, à Saratov, à Wennissa, partout où il y a des hommes. Et comme dans la ville assiégée de Sébastopol il se trouvait beaucoup d'hommes, donc beaucoup d'ambitieux, il y avait aussi beaucoup d'aristocrates, bien que la mort menaçât à tout instant, avec une égale indifférence, la tête des aristocrates et des roturiers.

Mikhaïlov fit deux fois en hésitant le tour du groupe des aristocrates et, à la troisième, prenant son courage à deux mains il les aborda.

Ce cercle se composait de quatre officiers : de l'adjudant Kalouguine, que Mikhaïlov connaissait; de l'adjudant, prince Galtzine, qui était déjà un peu aristocrate pour Kalouguine ; du colonel Neferdov, un des cent vingt-deux jeunes gens du grand monde qui s'étaient enrôlés dans cette campagne et dont on parlait beaucoup ; puis du colonel de cavalerie Praskoukhine, qui appartenait aussi au monde.

Heureusement pour Mikhaïlov, Kalouguine était en ce moment de très bonne humeur : le général venait de parler familièrement avec lui. Il ne trouva pas humiliant de tendre la main au capitaine en second, ce que ne fit pourtant pas Praskoukhine, qui rencontrait souvent Mikhaïlov aux bastions, avait plus d'une fois bu son vin et son eau-de-vie et même lui devait douze roubles et cinquante copecks, une dette de jeu.

Il ne connaissait pas encore bien le prince Galtzine et il ne voulait pas se commettre devant lui avec un simple capitaine en second de l'infanterie. Il le salua légèrement.

— Eh bien, capitaine, dit Kalouguine à Mikhaïlov, quand retournez-vous aux bastions? Vous vous rappelez comme nous nous sommes rencontrés à la redoute de Schwartz... Ça chauffait ferme !...

— Oui, cela chauffait pas mal, dit Mikhaïlov.

— En réalité, ajouta-t-il, je devrais m'y rendre demain, mais nous avons un officier malade...

Il n'acheva pas. Il aurait voulu raconter que ce n'était pas son tour; mais que, comme le commandant de la huitième compagnie était malade et qu'il n'y restait plus qu'un enseigne, il trouvait de son devoir d'offrir ses services et qu'il allait directement aux bastions.

Kalouguine ne l'écoutait plus, il parlait au prince Galtzine.

— Cette jeune fille au mouchoir rouge sur la tête est vraiment jolie ; vous la connaissez, capitaine? dit le prince Galtzine.

— C'est la fille d'un matelot qui demeure tout près de mon logement, dit le capitaine en second.

—Allons la voir de plus près.

Et le prince Galtzine prit d'un bras Kalouguine et de l'autre Mikhaïlov, convaincu que cela ne pouvait être que très agréable à celui-ci, ce qui était d'ailleurs l'exacte vérité.

Le capitaine Mikhaïlov était superstitieux et croyait fermement que c'était très mal de s'occuper des femmes avant un engagement sérieux. Pourtant en cette occasion il préféra passer pour un libertin.

Le prince Galtzine et Kalouguine s'y méprirent, mais la jeune fille au mouchoir rouge, qui avait déjà remarqué plusieurs fois que le capitaine en second, lorsqu'il passait sous la fenêtre, rougissait, en fut très étonnée.

Praskoukhine marchait derrière eux en faisant à haute voix des remarques en français. Comme ils ne pouvaient pas passer tous quatre de front, il se vit obligé de marcher seul et ce n'est qu'au second tour qu'il prit par le bras l'officier de marine Serviaguine, célèbre par sa bravoure et qui, lui aussi, désirait se mêler au groupe des aristocrates. Mais le prince Galtzine, qui avait été la veille au quatrième bastion et avait vu un obus éclater à vingt pas de lui, se tenait pour un officier non moins brave que « ce monsieur... » il ne prit pas garde à lui. Le capitaine en second Mikhaïlov avait tant de plaisir à se promener en si bonne compagnie, qu'il en oublia l'affectueuse lettre de sa pâle amie aux yeux bleus, ainsi que les idées noires qui l'avaient assiégé quelques instants auparavant. Il resta avec ces brillants officiers jusqu'à ce qu'il remarquât qu'ils ne parlaient plus qu'entre eux pour lui faire comprendre qu'il pouvait se retirer, et enfin ils le laissèrent en panne.

Il était content quand même, et en passant un peu plus tard devant le junker baron Pesth, il ne fit aucune attention à l'expression de réserve hautaine avec laquelle le jeune homme lui rendit militairement son salut. Pesth, la veille, avait pour la première fois passé la nuit dans le blindage du cinquième bastion, et depuis ce moment il se considérait comme un héros.

IV

A peine le capitaine en second eut-il franchi le seuil de son appartement que de toutes autres pensées l'assaillirent. Il voyait sa cellule sans planches, aux fenêtres de travers, dont les carreaux étaient remplacés par du papier, son vieux lit avec, contre le mur, un tapis représentant une amazone, auquel deux pistolets de Toula étaient appendus. En face, se trouvait le lit d'un junker tendu d'une couverture de coton.

Mikhaïlov aperçut aussi son domestique Nikita, qui dormait à terre et se leva à son approche en se grattant la tête sous ses cheveux embroussaillés et malpropres; il y vit enfin son vieux manteau, ses bottes de roussi et un petit paquet d'où sortait un morceau de fromage et le goulot d'une bouteille d'eau-de-vie préparée pour qu'il l'emportât aux bastions. Et il se souvint tout à coup qu'il devait aller avec sa compagnie passer toute la nuit dans les logements.

« Il est certain que je serai tué cette nuit, se dit-il, j'en ai le pressentiment, et surtout ce n'était pas mon tour, et je me suis proposé moi-même! Eh bien c'est toujours celui qui court à la mort qui est frappé... Et quelle est la maladie de ce maudit Nepchisetzki? Il n'a peut-être rien du tout, et à cause de lui, je serai tué, c'est certain! Pourtant, si je survis, je serai présenté à l'avancement. J'ai vu le plaisir que cela a fait au colonel, quand je lui ai offert de remplacer l'officier malade. Si je ne suis pas promu commandant, je recevrai pour sûr le vladimir. C'est la treizième fois que je vais aux bastions. Oh! treize est un mauvais chiffre, je serai tué, je le pressens. Il fallait cependant que quelqu'un y allât, je ne pouvais pas laisser la compagnie aux mains d'un enseigne. Il faut penser à l'honneur du régiment... Mon devoir était d'y aller... Néanmoins j'ai un pressentiment. »

Le capitaine en second oubliait qu'il avait ce

même pressentiment plus ou moins fort chaque fois qu'il allait aux bastions, et il ignorait que presque tous ceux qui vont au feu l'éprouvent avant l'engagement. Une fois calmé par le sentiment du devoir, très vivace en lui, il s'assit à la table et écrivit une lettre d'adieu à son père. Dix minutes après il se leva, et les yeux mouillés de larmes, tout en s'habillant pour partir, dit mentalement toutes les prières qu'il connaissait. Son domestique à demi ivre lui tendit paresseusement son uniforme neuf; le vieux qu'il mettait toujours pour aller aux bastions n'avait pas été rapiécé.

— Pourquoi mon uniforme n'est-il pas raccommodé ? demanda Mikhaïlov avec colère. Toi, tu ne sais que dormir.

— Comment dormir, grommela Nikita, je cours toute la journée comme un chien... alors on est fatigué ; puis je dois encore être sur mes gardes pour ne pas m'assoupir.

— Je vois que tu es de nouveau gris !

— En tout cas pas avec votre argent, et vous n'avez rien à me reprocher.

— Tais-toi, imbécile, cria le capitaine en second.

Il était sur le point de frapper son domestique, tant ce Nikita qu'il aimait et qu'il gâtait depuis douze ans mettait sa patience à bout.

— Imbécile, imbécile! répétait le domestique, comment, monsieur, pouvez-vous m'injurier par des temps pareils!... Ce n'est pas de bon augure.

Mikhaïlov se souvint qu'il marchait peut-être à la mort, et il eut honte.

— Mais tu lasserais la patience d'un ange, Nikita, dit-il, d'un ton radouci.

— Cette lettre sur la table est pour mon père... Tu ne la toucheras pas, ajouta-t-il en rougissant...

— Vous serez obéi, monsieur, dit Nikita attendri sous l'influence de l'eau-de-vie dont il avait bu, selon son expression, « pour son argent! »

Il clignait des yeux, manifestant ainsi son désir de pleurer.

Le capitaine déjà sur le perron se retourna et lui dit :

— Adieu, Nikita!

Le domestique éclata en sanglots forcés et couvrit de baisers la main de son barine.

— Adieu, monsieur, adieu, monsieur, disait-il en sanglotant.

La vieille logeuse du capitaine, la femme d'un matelot, ne manqua pas de jouer sa partie dans ce duo sentimental en s'essuyant les yeux avec la manche sale de sa robe, et en répétant à Nikita, pour la centième fois, l'histoire de son mari tué pendant le premier bombardement, quand sa cabane avait été dévastée.

Dès que le capitaine fut parti, Nikita alluma une pipe, envoya la fille de la logeuse lui acheter de l'eau-de-vie et bientôt non seulement sécha ses larmes mais sous un prétexte futile chercha querelle à la vieille femme.

Mikhaïlov pendant ce temps approchait déjà des bastions avec sa compagnie.

— Peut-être m'en tirerai-je avec une simple blessure, pensa-t-il. Mais sera-ce au ventre ou à la poitrine ? Ah ! si c'était ici, — et il tapa sa cuisse, — et que la balle fasse le tour... Mais si un éclat d'obus vous emporte le caisson, alors c'est fini.

Il atteignit les logements en passant par les tranchées sans aucun accident. Dans l'obscurité complète, il posta ses hommes, avec l'aide de l'officier du génie, aux places qu'ils devaient occuper pour les travaux, et s'enfouit lui-même dans le trou sous le parapet.

La canonnade était peu fournie ; de temps en temps seulement un éclair jaillissait tantôt chez les Russes, tantôt chez l'ennemi, et le lumineux sillage de la bombe décrivait un orbe de feu sur le ciel sombre, criblé d'étoiles. Toutes les bombes tombaient loin, derrière ou à droite du logement où le capitaine restait dans son trou. Il but de l'eau-de-vie, mangea un morceau de fromage, alluma une cigarette et après avoir dit sa prière se disposa à sommeiller.

V

Le prince Galtzine, le lieutenant-colonel Neferdov et Praskoukhine, que personne n'invitait à cause de sa réputation douteuse, mais qui réussissait à se faufiler partout quand même, allèrent du boulevard chez Kalouguine pour prendre le thé.

— Alors tu n'as pas terminé l'histoire de Vaska Meudel? dit Kalonguine assis près de la fenêtre, dans un fauteuil confortable, et en déboutonnant le col de sa chemise de toile de Hollande trop empesée... Comment s'y est-il pris pour se marier?

— C'est à mourir de rire, mon cher! Je vous dis qu'il y avait un temps où l'on ne parlait que de ça... C'est à crever de rire, je connais tous les détails.

Il se leva du piano devant lequel il était assis, prit place à côté de Kalouguine et conta une histoire d'amour piquante qui mit la compagnie en joie. Puis il se remit au piano et chanta avec brio une chanson tsigane.

Praskoukhine, bien que personne ne l'en priât, fit la seconde partie et s'en acquitta si bien qu'on le supplia de continuer, ce qui lui fut très agréable.

Un valet entra apportant sur un plateau d'argent du thé, de la crème et de petits gâteaux.

— Sers le prince, dit Kalouguine.

Le prince Galtzine prit un verre de thé et s'approcha de la fenêtre.

— C'est pourtant curieux de voir que nous sommes dans une ville assiégée et dans un appartement que je ne souhaiterais pas meilleur à Saint-Pétersbourg, un piano, du thé et de la crème !

— Ah ! si nous n'avions pas même cela ! dit le lieutenant-colonel, toujours mécontent de tout, cela deviendrait vraiment insupportable ! Comment, voir que tous les jours l'on tue et que cela ne finit pas ?

— Et pourtant nos officiers d'infanterie vivent

dans les bastions avec les soldats et mangent à la gamelle, remarqua Kalouguine.

— Mais ces gens-là ne changent pas de linge pendant dix jours, ce sont des héros, des gens exceptionnels !

En ce moment un officier d'infanterie entra chez l'adjudant.

— Je... j'ai l'ordre, commença-t-il un peu interloqué... Il faut que je voie Son Excellence le général.

Kalouguine, sans répondre au salut du nouvel arrivant, avec une politesse insultante et un sourire de morgue officielle, demanda à l'officier à la troisième personne s'il voulait bien attendre, et sans lui offrir une chaise, ni s'occuper de lui, se tourna vers le prince Galtzine et engagea avec lui une conversation en français.

L'officier resta au milieu de la chambre sans savoir ce qu'il devait faire de sa personne.

— Je suis chargé d'une mission très importante, dit-il au bout d'un moment de silence.

— Ah ! dans ce cas, je vais vous conduire auprès du général, dit Kalouguine.

Il passa son manteau et sortit avec l'officier.

— Eh bien ! messieurs, je crois que cela

chauffera cette nuit, dit-il quelques instants plus tard en revenant de chez le général.

— Quoi? Une sortie? demandèrent-ils tous.

— Je n'en sais rien, vous verrez vous-mêmes, continua Kalouguine avec un sourire mystérieux.

— Mon commandant est aux bastions, dit Praskoukine ; il faut donc que j'y aille aussi.

Il attacha son sabre, mais personne ne releva sa remarque. C'était à lui de connaître son devoir.

Il sortit immédiatement avec Neferdov.

— Au revoir, messieurs, au revoir, leur cria Kalouguine par la fenêtre, nous nous reverrons encore ce soir.

— Je vous en prie, dites-moi, y aura-t-il véritablement quelque chose cette nuit? demanda Galtzine à Kalouguine quand ils furent seuls.

Ils étaient étendus tous deux sur le rebord de la fenêtre et regardaient les bombes qui volaient par-dessus les bastions.

— A toi, je peux le répéter.

Et Kalouguine, bien que peu au courant des travaux de fortifications, exposa le plan de l'attaque proposée en l'embrouillant et en le dénaturant.

— Pourtant cela commence à chauffer autour

des logements, s'écrièrent-ils ensemble, en regardant les paraboles lumineuses des bombes qui se croisaient dans l'air, les éclairs des pelotons de feu qui pendant un instant illuminaient le ciel d'un bleu sombre et la blanche fumée de la poudre qui enveloppait les travaux d'un nuage.

— Quel charmant coup d'œil, dit Kalouguine en attirant l'attention de son hôte sur ce spectacle vraiment beau... Parfois il est difficile de distinguer une bombe d'une étoile.

— Certainement, il y a un instant j'ai pensé que c'était une étoile, mais elle a filé vers la terre et a éclaté.

— Vrai, j'ai si bien pris l'habitude des bombes, que je suis sûr qu'en Russie, par les belles nuits d'été, je prendrai toujours les étoiles pour des bombes.

Ils se turent un instant.

— Je devrais pourtant prendre part à l'assaut, dit le prince Galtzine.

— Ah ! non, je ne t'y laisserai pas aller, n'y songe pas, reprit Kalouguine... Tu auras toujours le temps pour cela.

— Sérieusement, selon toi, je dois m'abstenir?

En ce moment, par-dessus le bruit de l'artillerie, on entendit une terrible fusillade, et des milliers de petits feux éclatant sans trêve brillèrent sur toute la ligne.

— Maintenant, c'est vraiment sérieux, dit Kalouguine. Je ne peux jamais entendre avec indifférence ce bruit de fusillade, cela me déchire l'âme.

— Et entends-tu le hourra! ajouta-t-il, prêtant l'oreille à la clameur prolongée de centaines de voix: A-a-a-a-a-a! qui montait des bastions.

— Est-ce le hourra des nôtres ou de l'ennemi?

— Je l'ignore, mais ce que je sais, c'est qu'actuellement ils sont aux prises corps à corps, car la fusillade a cessé.

En ce moment, sous la fenêtre, vers le perron, arriva en toute hâte l'officier d'infanterie que nous avons déjà vu et qui revenait accompagné d'un cosaque.

— D'où venez-vous?

— Des bastions. J'ai besoin de voir le général.

— Venez... Eh bien?

— On a attaqué les logements... On les a pris... les Français ont amené d'énormes réserves... Ils ont attaqué les nôtres... Il n'y avait que plusieurs bataillons.

Il parlait haletant, mais en se dirigeant d'un pas assuré vers la porte du général.

— Alors quoi? Nous avons battu en retraite? demanda Galtzine.

— Non, répondit avec colère l'officier. Un bataillon est arrivé à temps et nous avons repris la position... Mais le commandant du régiment est tué ainsi que beaucoup d'officiers... On m'a donné l'ordre de demander des renforts.

Et il entra avec Kalouguine chez le général. Cinq minutes après, l'adjudant, sur un cheval de cosaque, trottait vers le bastion pour y porter des ordres et attendre des nouvelles sur le résultat final. Quant au prince Galtzine, sous l'influence de l'émotion pénible que produit sur les spectateurs les signes précurseurs d'une attaque, il descendit dans la rue et se mit à marcher devant lui sans savoir où il allait.

VI

Des soldats portaient dans des civières ou soutenaient sous les bras des blessés.

Les rues étaient tout à fait obscures. De loin en loin on apercevait une lumière à la fenêtre d'un hôpital ou chez des officiers qui veillaient. Des bastions s'élevait le même bruit de tonnerre de la canonnade et du crépitement de la fusillade, et les feux continuaient à jaillir sur le ciel sombre ; de temps en temps l'on entendait le trot du cheval d'un planton qui passait, le gémissement d'un blessé, les pas et les voix d'un porteur ou les réflexions effarées des habitants qui se tenaient devant leurs maisons pour voir la canonnade.

Nikita, le domestique du capitaine en second,

Mikhaïlov, la vieille logeuse avec laquelle il avait déjà fait la paix, et sa petite fillette de dix ans étaient parmi les spectateurs.

— Et où est donc mon barine maintenant ? disait Nikita en traînant et pas encore complètement dégrisé. Oh ! que j'aime mon barine !... Je l'aime tant, voyez-vous, ma tante, que si par péché on le tue, eh bien ! je ne sais pas ce que je suis capable de me faire... Oh ! quel barine !... Est-ce qu'on peut le comparer à tous ceux-là qui jouent aux cartes, ici ?

Il indiqua la fenêtre éclairée de la chambre de son maître, dans laquelle, en l'absence du capitaine en second, le junker Ivadtcheski avait invité des amis pour fêter joyeusement sa croix.

— Eh ! les étoiles filent, filent, criait la fillette ; pourquoi cela, maman?

— Ils vont détruire notre maisonnette, disait la vieille en soupirant et en laissant la question de sa fille sans réponse.

— Et quand aujourd'hui nous y sommes allées avec l'oncle, maman, continuait la fillette d'une voix chantante, dans la chambre près de l'armoire, nous avons trouvé une énorme bombe, si grande, si grande, maman, qu'on ne peut pas la soulever.

— Celles qui avaient des maris et de l'argent sont parties, continua la vieille en geignant, tandis que nous, nous avons perdu notre dernière maison... Voyez-vous comme ils cognent, cognent, les monstres ! Oh ! seigneur, seigneur !

VII

Le prince Galtzine croisait un nombre toujours croissant de civières et de blessés se traînant à pied, se soutenant les uns les autres et parlant entre eux à haute voix.

— Alors ils se sont élancés, mes frères, disait d'une voix de basse un grand soldat qui portait deux fusils sur l'épaule... Ils se sont élancés en criant : Allah ! Allah ! (1) Nous les tuïons et d'autres arrivaient derrière eux. Ce qu'il y en avait !...

— Tu viens du bastion, interrompit Galtzine.

— Du bastion ! votre noblesse.

(1) Les soldats russes, ayant toujours guerroyé avec les Turcs, assuraient que les Français aussi criaient à la guerre : Allah! Allah !

— Eh bien, que s'est-il passé? Raconte-nous cela.

— Qu'est-ce qui s'est passé? *Toute leur force*, votre noblesse, est arrivée et s'est mise à grimper sur le rempart. Et c'était fini. Ils ont pris le dessus, votre noblesse.

— Comment cela, vous les avez repoussés?

— Repoussés? Toute *sa force est arrivée*, il a tué tous les nôtres et des secours ne sont pas survenus.

Le soldat se trompait, la tranchée était restée aux mains des Russes; mais un soldat blessé dans une affaire la trouve toujours sanglante et la croit perdue.

— On m'a dit que vous avez repoussé l'ennemi! remarqua Galtzine avec colère. C'est sans doute après toi. Y a-t-il longtemps que tu as quitté la tranchée?

— J'en viens, votre noblesse!... Je doute fort que la tranchée soit restée entre nos mains. L'ennemi nous a complètement battus.

— Eh bien, comment n'avez-vous pas honte? Laisser prendre une tranchée, c'est horrible! dit Galtzine attristé par cette indifférence.

— Que voulez-vous faire contre la force? grogna le soldat.

— Eh ! votre noblesse ! dit un blessé qu'on portait sur une civière. Si la force avait été de notre côté, pour rien au monde nous n'aurions rendu la tranchée... Moi, j'allais transpercer un Français, lorsqu'il m'a asséné un coup...

Il n'acheva pas, mais poussa un gémissement et pria les porteurs de ne pas le secouer.

— Mais il me semble qu'il y a trop de monde qui s'en va, dit Galtzine... Voyons, toi, arrête-toi, où vas-tu ? cria-t-il au soldat avec les deux fusils.

Le soldat s'arrêta et retira son chapeau de la main gauche.

— Où vas-tu et pourquoi t'enfuis-tu ? lui cria-t-il sévèrement.

Il allait lui crier : « canaille, » lorsque s'étant approché de lui, il remarqua que la main gauche du soldat sortait de sa manche ensanglantée jusqu'au coude.

— J'ai été blessé, votre noblesse.

— Comment as-tu été blessé ?

— A la main, par une balle, dit le soldat. Mais je ne sais pas ce qui m'a frappé à la tête.

Il baissa le menton et montra sur sa nuque ses cheveux collés par le sang coagulé.

— Et le second fusil, à qui appartient-il?

— C'est un fusil français, votre noblesse, je le lui ai pris... Puis je serais resté dans le bastion, si je ne devais pas accompagner ce soldat-là qui pourrait bien tomber.

Il désigna un troupier qui marchait à peu de distance de lui, appuyé sur un fusil et traînant douloureusement la jambe.

Le prince Galtzine eut tout à coup honte de ses soupçons injustes. Il sentit que le rouge lui montait au visage. Il se détourna et ne questionna plus les blessés.

Sans plus les observer, il se dirigea vers la première ambulance. Il se fraya avec peine un passage entre les malades, les porteurs qui entraient chargés d'un blessé et ceux qui sortaient emportant les morts. Dès qu'il eut pénétré dans la première salle, il rebroussa involontairement chemin et courut dehors.

VIII

La grande et haute salle était sombre, éclairée seulement par quatre ou cinq bougies que les médecins approchaient des malades pour les examiner. Cette vaste pièce était comble.

Les porteurs amenaient sans cesse des blessés, les déposaient l'un à côté de l'autre et repartaient aussitôt pour en chercher d'autres. Sur le plancher, les malheureux se pressaient en rangs si serrés, qu'ils se coudoyaient et trempaient leurs vêtements dans le sang les uns des autres. De larges flaques vermeilles inondaient les interstices. La respiration fébrile de ces centaines d'hommes, les émanations des corps des porteurs de civières, échauffés par l'exercice, produisaient une infection lourde, épaisse et puante, sous laquelle vacillaient les bougies aux extrémités de la salle.

Toute la pièce était remplie d'un bruit sourd où se confondaient les soupirs, les gémissements, les râles, interrompus de loin en loin par un cri aigu. Ici et là, entre les capotes et les chemises ensanglantées des soldats, passaient les *sœurs*. Leur visage serein n'exprimait pas une compassion féminine futile, pleurnicheuse et maladive, mais une sympathie active et pratique, tandis qu'elles glissaient doucement entre les blessés, portant à l'un un remède, un verre d'eau, à l'autre un bandage et de la charpie.

Les médecins, les manches retroussées, à genoux près des blessés, à la clarté des bougies que tenaient les aides-chirurgiens, examinaient, palpaient, sondaient les blessures, malgré les plaintes et les prières déchirantes des patients. Un des médecins était assis à l'entrée de la salle, devant une petite table, et, lorsque le prince entra, il écrivait le numéro 532.

— Ivan Bogoiew, troupier de la troisième compagnie du régiment, *fractura femuris complicata!* criait un autre chirurgien à l'autre bout de l'ambulance.

— Tourne-le.

— O...oï, mes pères, vous êtes nos pères, cria le soldat en suppliant, ne me touchez pas !

Un troisième docteur dictait :

— *Perforatio capitis*, Siméon Neferdov, sous-colonel de régiment... Il faut savoir souffrir un peu, mon colonel ; cela ne peut pas aller comme ça... Je serai forcé de vous laisser si vous vous débattez, continuait le docteur en fouillant dans la tête du malheureux au moyen d'un petit crochet.

— Aïe !... laissez-moi ! Aïe !... pour l'amour de Dieu, faites plus vite. Ah ! ah ! ah !

Le chirurgien passa à un autre blessé.

— *Perforatio capitis*... Sébastien Scrida, troupier... de quel régiment ?... Attendez, n'écrivez pas... *Moritur*. Emportez-le, dit-il aux porteurs en quittant le soldat, qui râlait déjà et tournait les yeux.

A l'entrée de l'ambulance se tenaient une quarantaine de porteurs en uniforme. Ils attendaient les blessés pour les porter à l'hôpital, les morts pour les déposer dans la chapelle. Leurs regards plongeaient dans la salle ; ils restaient silencieux et poussaient à de très rares intervalles de lourds soupirs.

IX

Kalouguine, en se rendant aux bastions, rencontra sur son chemin beaucoup de blessés ; mais comme il savait par expérience quel fâcheux effet un tel spectacle produit sur celui qui va prendre part à un engagement, non seulement il ne s'arrêta pas à les questionner, mais s'efforça au contraire de ne point les regarder.

Au bas de la colline, il croisa un planton qui galopait du côté des bastions.

— Zobkine, Zobkine, arrêtez un instant !

— Eh bien ! quoi ?

— D'où venez-vous ?

— Des logements.

— Cela chauffe, là-bas ?

— Ah! c'est horrible!

Et le planton s'éloigna en galopant.

En effet, bien que la fusillade fût peu nourrie, la canonnade avait repris plus redoutable et plus meurtrière.

« C'est bien mauvais, » pensa Kalouguine; et il ressentit une commotion désagréable. Il eut aussi un pressentiment, c'est-à-dire qu'il pensa à la mort, mais il était orgueilleux et il avait des nerfs de bois ; il était en un mot ce qu'on appelle courageux.

Il ne se laissa pas dominer par son premier sentiment, mais se raidit et se souvint d'un adjudant de Napoléon qui, après avoir transmis les ordres, la tête en sang, courut vers l'empereur.

— Vous êtes blessé? lui dit Napoléon.

— Je vous demande pardon, sire, je suis mort.

En prononçant ces mots, il tomba de cheval et mourut sur place.

Kalouguine trouvait cela fort beau et se figurait qu'il était un peu comme cet adjudant.

Il cravacha son cheval et prit une allure encore plus martiale, et, regardant le cosaque qui trottait derrière lui debout dans ses étriers, il arriva aux tranchées d'un air tout à fait crâne. Il remarqua quatre soldats qui étaient assis sur des pierres et fumaient la pipe.

— Que faites-vous là ? leur cria-t-il sévèrement.

— Nous avons emmené un blessé, Votre Noblesse, et maintenant, nous nous reposons un peu, dit un des soldats en dissimulant sa pipe derrière son dos.

— Vous vous reposez, vous vous reposez !... Retournez à votre poste.

Et il se rendit avec eux aux tranchées, évitant à chaque pas des blessés.

Parvenu sur la colline il tourna à gauche et se trouva bientôt seul ; un éclat de bombe siffla à ses oreilles et s'enfonça dans la tranchée. Un autre obus s'éleva devant ses yeux et semblait voler sur lui.

Il eut peur tout à coup : il courut l'espace de quelques pas et se coucha à terre. Mais lorsque l'obus éclata loin de lui, il s'en voulut de sa pusillanimité et se releva en regardant autour de lui pour s'assurer que personne ne l'avait vu.

Mais lorsqu'une fois la peur a pénétré dans l'âme, elle ne cède pas facilement la place à un autre sentiment

Kalouguine, qui se vantait de ne s'être jamais

courbé devant la bombe, marchait maintenant dans la tranchée à pas précipités et presque en rampant.

« Cela va mal, cela va mal, disait-il, je suis sûr d'être tué ! »

Il s'apercevait que sa respiration devenait difficile et que la sueur couvrait tout son corps. Cet état inusité l'étonnait, mais il ne cherchait plus à vaincre ce sentiment.

Tout à coup il entendit des pas devant lui.

Il se redressa vivement, releva la tête et faisant sonner belliqueusement son sabre il s'avança avec une démarche plus assurée. Décidément ce soir il n'était pas lui-même.

Lorsqu'il se trouva nez à nez avec un officier de sapeurs et un matelot qui venaient à sa rencontre, le premier lui cria de se coucher, lui indiquant le point lumineux de l'obus qui, de plus en plus fulgurant et rapide, se rapprochait et s'enfouit près de la tranchée. Kalouguine ne fit que baisser légèrement la tête et encore involontairement, sous l'influence de l'avertissement terrifié de l'officier, il marcha en avant.

— Quel brave ! s'écria le matelot qui regardait la bombe et de son œil expérimenté avait déjà calculé que ses éclats ne pouvaient les atteindre. Il ne daigne même pas se coucher !

Il ne restait à Kalouguine que quelques pas à faire à travers une petite place pour se trouver au blindage du commandant du bastion. Mais de nouveau cette peur ridicule s'empara de lui : son cœur battit plus fort, le sang afflua à la tête et il lui fallut un grand effort pour courir jusqu'au blindage.

— Pourquoi êtes-vous si essoufflé ? lui demanda le général, lorsqu'il lui eut transmis l'ordre.

— J'ai marché trop vite, Votre Excellence.

— Voulez-vous un verre de vin ?

Kalouguine but du vin et alluma une cigarette.

L'attaque était finie ; seule une forte canonnade continuait des deux côtés.

Dans le blindage se trouvait le général N..., le commandant du bastion, et cinq ou six officiers parmi lesquels Praskoukhine. Ils discutaient les détails de l'affaire.

Assis dans cette chambre confortable, tendue de bleu, pourvue d'un divan, d'un lit, d'une table sur laquelle des papiers étaient étalés, d'une pendule et d'une icône devant laquelle brûlait une lampe, en regardant tout ce confort et les solides poutres qui soutenaient le plafond, en écoutant enfin les coups de canon qui s'amortissaient dans le blindage, Kalouguine ne comprenait pas comment il avait pu permettre deux fois au sentiment de la peur de s'emparer de lui.

Il était mécontent de lui-même, et il aurait voulu être de nouveau exposé au danger pour s'éprouver une seconde fois.

— Ah ! je suis heureux que vous aussi, vous soyez ici ? dit-il à un officier de marine qui venait d'entrer. Le général m'a prié de vous demander si vos canons peuvent se charger à mitraille.

— Une pièce seulement le pourrait, répondit le capitaine d'un air maussade.

— Tout de même, allons les examiner.

Le capitaine fronça le sourcil et grommela avec colère :

— J'y ai passé la nuit et je suis venu ici pour me reposer un instant. Ne pourriez-vous pas y aller tout seul ? Le lieutenant Kartz, qui est avec moi, vous montrera tout.

Le capitaine commandait cette batterie, l'une des plus dangereuses, depuis six mois, avant même que les blindages fussent faits, et sa réputation de courage était établie.

Aussi son refus étonna-t-il Kalouguine.

« Voilà une réputation usurpée! » pensa-t-il.

— Et bien, j'irai seul, si vous me le permettez, dit-il d'un ton un peu goguenard.

Le capitaine n'eut pas l'air de remarquer cette ironie.

Kalouguine n'avait pas réfléchi qu'il avait peut-être passé en tout une cinquantaine d'heures aux bastions, tandis que le capitaine y vivait depuis six mois. Kalouguine était encore excité par l'ambition, par le désir de se signaler, par l'espoir d'une récompense, il recherchait la gloire et savourait le charme de risquer sa vie. Le capitaine avait déjà passé par toutes ces phases; il avait aussi commencé par montrer du courage, par s'exposer, il espérait obtenir ainsi des récompenses et de la gloire et il les avait acquises. Mais maintenant tous ces stimulants avaient perdu pour lui leur aiguillon et il considérait le combat tout autrement : il remplissait exactement son devoir, et comprenant combien minimes étaient ses chances de vie il ne les risquait plus sans motifs.

Aussi le jeune lieutenant, qui n'était à la batterie que depuis huit jours et qui en faisait les honneurs à Kalouguine, sortant avec lui inutilement sur les banquettes et se montrant aux embrasures, semblait-il à celui-ci dix fois plus courageux et héroïque que le capitaine.

Après cette inspection Kalouguine voulut retourner au blindage, mais dans l'obscurité il rencontra le général, à l'échauguette.

— Capitaine Praskoukhine, dit le général, allez, je vous prie, au logement droit et dites au second bataillon qui y travaille de s'esquiver sans bruit, pour aller rejoindre son régiment qui se tient en réserve sous la montagne. Vous m'avez compris ? Vous le conduirez vous-même à son régiment.

— J'obéis, Votre Excellence.

Praskoukhine courut au logement droit.

La fusillade languissait de plus en plus.

X

— Est-ce le second bataillon du régiment de Moscou ? demanda Praskoukhine, quand il arriva au logement et vit des soldats qui portaient de la terre dans des sacs.

— Le second bataillon, votre noblesse.

— Où est le commandant ?

Mikhaïlov, croyant que c'était lui qu'on demandait, sortit de son trou et, prenant Praskoukhine pour son chef, s'approcha de lui la main à la visière.

— Le général ordonne... veuillez aller... le plus vite possible... et surtout sans bruit... Allez vers les réserves.

Praskoukhine répétait tout cela en regardant du côté des feux de l'ennemi.

Mikhaïlov, ayant reconnu Praskoukine, laissa retomber son bras, puis il transmit les ordres, et le bataillon se mit en marche. Celui qui n'y a pas passé ne peut concevoir le plaisir qu'éprouve un homme, après être resté trois heures sous le bombardement, à pouvoir quitter un endroit aussi dangereux que le logement.

Mikhaïlov avait cru pendant ces trois heures plus d'une fois et non sans raison que sa fin était inévitable, et il s'était déjà habitué à l'idée qu'on le tuerait et qu'il n'appartiendrait plus à ce monde. Malgré cela, il lui fallut faire un effort sur lui-même pour ne pas sortir en courant du logement.

— Au revoir, lui dit le commandant d'un autre bataillon qui restait dans le logement et avec lequel il avait mangé du fromage dans leur trou, près du rempart... bon voyage!

— Moi aussi je vous souhaite bonne chance. Cela se calme un peu.

Mais à peine eut-il prononcé ces mots que l'ennemi, qui avait sans doute aperçu du mouvement à cette place, redoubla la canonnade. Les Russes répondirent, et le feu continua sans trêve.

Les étoiles apparaissaient haut dans le ciel mais ne brillaient pas d'un vif éclat, la nuit était noire, et seuls les feux des fusils et les éclats des bombes éclairaient les objets de fugitives lueurs.

Les soldats marchaient vite et silencieux, se devançant involontairement l'un l'autre ; à travers la fusillade incessante on distinguait le bruit rythmé de leurs pas sur la chaussée desséchée, le son des baïonnettes qui se croisaient, ou les soupirs et les prières de quelques soldats. Parfois l'on entendait aussi les gémissements des blessés et ce cri : « Une civière ! »

De temps en temps un éclair luisait à l'horizon sombre, la sentinelle des bastions criait : « Canon ! » et le boulet sifflant au-dessus du bataillon creusait la terre et projetait des cailloux en l'air.

— Sacré nom... comme il avance peu, pensait Praskoukhine en regardant sans cesse tout autour de lui, pendant qu'il suivait de près Mikhaïlov. J'irai en avant : j'ai transmis l'ordre, ma mission est remplie... Mais non, ils diront encore que je suis poltron ! Arrive que pourra !

— Et pourquoi marche-t-il à côté de moi? pensait de son côté Mikhaïlov; j'ai remarqué qu'il porte toujours malheur !... La voilà !.. Cette fois elle vient directement sur nous. Après avoir fait quelques centaines de pas il se buta contre Kalouguine qui se dirigeait crânement vers les logements pour se renseigner, d'après l'ordre du général, sur l'état des retranchements. Mais dès qu'il eut rencontré Mikhaïlov, il jugea inutile de s'exposer lui-même à ce jeu terrible, puisqu'il pouvait tout apprendre du capitaine qui en revenait.

Mikhaïlov lui donna en effet les renseignements qu'il demandait. Il fit encore quelques pas avec le capitaine en second, puis retourna aux tranchées qui conduisaient au blindage.

— Eh bien ! qu'est-ce qu'il y a de neuf ? demanda un officier qui était seul, dans la chambre, à souper tranquillement.

— Mais rien, il me semble que pour ce soir c'est fini.

— Comment c'est fini ! s'exclama Kalouguine, au contraire le général vient de se rendre à l'échauguette... On a fait venir un nouveau régiment... D'ailleurs, vous entendez, la fusillade recommence.

L'officier, voyant que Kalouguine faisait un mouvement pour se retirer, lui dit :

— Restez ici, pourquoi iriez-vous là-bas?

Kalouguine réfléchit qu'en effet il avait suffisamment exposé ses jours et qu'il ferait mieux de rester là, bien qu'à vrai dire il aurait dû se rendre auprès de son général.

— Vous avez raison, je les attendrai ici.

Une huitaine de minutes plus tard le général revint avec sa suite dans laquelle se trouvait le junker baron Pesth. Mais Praskoukhine n'y était pas. Les Russes avaient réussi à reprendre les logements dont l'ennemi s'était emparé.

« Kaloughine s'était fait raconter tous les détails sur l'affaire, et accompagné de Pesth, il sortit du blindage.

XI

— Vous avez des taches rouges sur votre capote. Est-ce que vous en seriez venu aux mains dans le combat ? demanda l'officier Kalougiune au junker, le baron Pesth.

— Ah ! c'est terrible. Imaginez-vous... »

Le baron se mit à raconter comment il conduisait ses hommes, et comment le chef de la compagnie fut tué, et comment lui, Pesth, avait frappé un Français, et que s'il n'avait pas été là, toute la bataille était perdue.

Les faits qu'il relatait étaient tout à fait vrais : le chef de la compagnie avait été tué ; le junker avait tué un Français ; mais, dans les détails, Pesth brodait et se vantait.

Il se faisait valoir sans s'en rendre compte ;

car, pendant toute l'affaire, il était plongé dans un tel assoupissement, un tel brouillard moral, que tout ce qui était survenu lui semblait être arrivé quelque part, dans un temps quelconque et à un être quelconque; il était très naturel qu'en rappelant les circonstances de cet engagement, il se fût efforcé d'attirer l'attention sur lui.

Voici en réalité ce qui s'était passé.

Le bataillon dont Pesth faisait partie fut désigné pour opérer une sortie; il essuya le feu pendant deux heures, adossé contre un mur; ensuite le chef de bataillon donna un ordre aux chefs de la compagnie : ceux-ci s'avancèrent, le bataillon s'ébranla, s'éloigna du parapet et, après avoir fait une centaine de pas, s'arrêta pour se former en colonnes de compagnie.

Pesth reçut le commandement de se mettre à la tête de la seconde compagnie, sur l'aile droite.

Le *junker* obéissait machinalement, sans comprendre ce qu'il faisait, où il était et pourquoi il y était. Il regarda vaguement dans le lointain obscur, sans le vouloir; il retenait son souffle, et un frisson glacé courait dans ses membres : il s'attendait à quelque chose de terrible.

Ce n'est pas cependant qu'il eût peur ; les canons et les fusils étaient muets. Mais il lui semblait étrange et anormal de se trouver ainsi hors de la forteresse, sur le champ de bataille.

Le chef de bataillon, qui était en avant, jeta de nouveau un ordre que les officiers se communiquèrent à voix basse, et, comme un mur noir qui s'affaisse, toute la première compagnie s'effaça sur le sol. L'ordre était de se coucher à terre. La seconde compagnie fit comme la précédente, et Pesth, en tombant, se piqua les mains à des ronces.

Seul le chef de la compagnie resta debout, redressé dans sa petite taille, brandissant en l'air son épée dégaînée et stimulant ses hommes.

« Enfants, soyez braves ! Ne déchargez pas vos fusils, mais, à la pointe de vos baïonnettes, percez-moi ces canailles ! Quand je crierai : « Hourrah ! » suivez-moi tous comme un seul homme ; que pas un ne recule, marchez vaillamment, et j'espère que nous n'aurons pas à rougir ! En avant, mes enfants !... Pour le tsar, notre père ! »

— Qui est notre chef de compagnie ? demanda le baron Pesth à un autre *junker*, couché près de lui. C'est un brave ?

— Oui, quand l'affaire chauffe, il est toujours ainsi, répondit le jeune sous-officier. Il s'appelle Lisinkovski.

A cet instant une flamme enveloppa subitement la compagnie, un craquement formidable abasourdit tous les hommes. Au-dessus de leurs têtes, tout en haut, sifflaient des balles et des éclats de bombe ; une demi-seconde après une pierre s'abattit sur eux et emporta le pied d'un soldat. Cette bombe provenait du poste de l'Elévation. Le doute n'était plus possible. Les Français avaient remarqué notre colonne.

« Ah ! c'est ainsi que tu lances des bombes !... Laisse-nous seulement le temps d'approcher, et nos baïonnettes russes à trois facettes te feront chanter sur un autre ton, maudit ! » s'écria le chef de la compagnie si haut, que le chef de bataillon lui ordonna de se taire et de se tenir tranquille.

La première compagnie se leva, la seconde suivit son exemple. L'ordre fut donné de prendre les armes à la main, et le bataillon se porta en avant. Le baron Pesth était troublé au point de ne pouvoir se rendre compte où il allait et pendant combien de temps il marchait ; il avançait comme un homme ivre.

Tout à coup, de tous côtés, éclatèrent des milliers de feux ; il y eut un sifflement et un craquement infernaux. Le baron Pesth cria et courut, car tous criaient et couraient. Puis il broncha et tomba sur quelque chose : c'était le chef de la compagnie qui était blessé ; il prit Pesth pour un Français et le saisit par le pied. Le *junker* dégagea sa jambe, se releva ; mais dans l'obscurité un autre homme le heurta de son dos et faillit le renverser de nouveau.

» Egorge-le, qu'attends-tu donc ? » cria une voix.

Quelqu'un lui tendit un fusil, et il enfonça la baïonnette dans quelque chose de mou.

« Ah ! Dieu ! »

Ce fut un cri perçant. Le baron Pesth comprit alors qu'il venait de transpercer un Français.

Une sueur froide couvrit tout son corps ; il frissonna comme dans la fièvre et jeta son arme loin de lui.

Cette impression dura une seconde ; il réfléchit aussitôt qu'il était un héros, il reprit le fusil et s'enfuit loin du Français tué, pour rejoindre les siens qui criaient : « Hourra ! »

Il courut l'espace d'une vingtaine de pas, et

atteignit la tranchée où le bataillon s'abritait, son chef en tête.

— J'ai égorgé un Français, dit le *junker* à son supérieur.

— Baron, vous êtes un brave !

II

— Et savez-vous que Praskoukhine est tué ? demanda Pesth à Kalouguine en continuant sa route.

— Ce n'est pas possible!

— Je l'ai vu moi-même tomber.

— Au revoir, je dois me hâter.

« Je suis cependant très content, pensa Kalouguine comme il rentrait chez lui, c'est la première fois que je suis de service et j'ai eu tant de chance. L'affaire était excellente, je suis sain et sauf, je serai présenté avec éclat et sans doute je décrocherai l'épée d'or... D'ailleurs je l'ai mérité... »

Il fit son rapport au général et rentra dans la chambre où le prince Galtzine l'attendait depuis longtemps, en lisant un livre trouvé sur sa table.

Kalouguine éprouva un plaisir inexprimable à se sentir dans son propre appartement hors de tout danger. Il s'empressa de se coucher, et de son lit, en chemise de nuit, il raconta à Galtzine les détails du combat, en les relatant de façon à prouver que lui, Kalouguine, était un officier intelligent, héroïque, sur quoi il était du reste inutile d'insister puisque tout le monde le tenait pour tel, et que nul n'avait aucun droit ni aucune raison d'en douter. Pourtant, le capitaine Praskoukhine, bien qu'il eût éprouvé une vive satisfaction à se pavaner devant tout le monde à côté de l'adjudant Kalouguine, avait raconté la veille, sous le sceau du secret, à un ami, que Kalouguine était un brave garçon, mais qu'il n'aimait pas, entre nous soit dit, aller aux bastions.

A peine Praskoukhine, marchant à côté de Mikhaïlov, s'était-il croisé avec Kalouguine et, s'approchant d'un endroit moins dangereux, commença-t-il à respirer plus librement, que derrière lui un éclair jaillit et il entendit le cri de la sentinelle et les paroles d'un des soldats :

— Elles volent droit sur le bastion.

Mikhaïlov regarda autour de lui.

Le point lumineux de la bombe semblait s'être arrêté à son zénith, dans une position où il était impossible de prévoir la direction qu'elle suivrait.

Cela ne dura qu'un instant : la bombe descendait directement vers le milieu du bastion, avec une vitesse sans cesse accélérée, et elle était déjà si proche qu'on pouvait distinguer les étincelles du tuyau et l'on entendait le fatal sifflement.

— Couchez-vous, couchez vous ! cria une voix.

Mikhaïlov et Praskoukhine se jetèrent sur le sol. Le capitaine de cavalerie ferma les yeux et n'entendit plus que le bruit assourdissant du projectile qui s'enfonçait tout près dans la terre.

Un instant s'écoula, un instant qui parut une heure, la bombe n'éclatait pas.

Praskoukhine se demanda avec effroi s'il ne s'était pas effrayé pour rien. Peut-être la bombe était-elle tombée au loin et peut-être lui a-t-il seulement semblé qu'elle bourdonnait si près de lui.

Il ouvrit les yeux et vit avec plaisir que Mikhaïlov était étendu immobile à ses pieds. Mais en même temps, ses yeux, pour un instant, aperçurent, à une distance d'un mètre, le cylindre lumineux de la bombe qui tournait sur elle-même. Une terreur froide qui ne lui permît pas de penser à autre chose ou d'éprouver d'autres sensations s'empara de tout son être.

Il se couvrit les yeux des deux mains.

Encore une seconde passa, une seconde durant laquelle tout un monde de sentiment de pensées, d'espérances, de souvenirs palpita dans son imagination :

« Qui va-t-elle tuer? Moi ou Mikhaïlov? Peut-être tous les deux! Si c'est moi, où m'atteindra-t-elle? si c'est à la tête, tout est fini, si c'est à la jambe, on la coupera, et je demanderai qu'on me chloroforme, mais je vivrai. Mais peut-être Mikhaïlov sera seul tué? Alors je raconterai comment nous marchions côte à côte, il est tombé, et son sang m'a éclaboussé. Mais elle est plus près de moi!... C'est moi qu'elle atteindra. »

Il se souvint des douze roubles qu'il devait à Mikhaïlov et se souvint encore d'une autre dette à Saint-Pétersbourg qu'il aurait dû payer depuis longtemps; l'air de la chanson bohémienne qu'il avait chantée dans la soirée lui revint à la mémoire.

Il aperçut tout à coup la femme qu'il aimait

en bonnet aux rubans lilas. Enfin, l'homme qui l'avait insulté cinq ans auparavant et dont il ne s'était pas vengé, lui revint à l'esprit, bien qu'à côté de ces souvenirs et de milliers d'autres le sentiment du présent, l'attente de la mort ne le quittât pas un instant :

« Pourtant, elle peut ne pas éclater, » pensa-t-il.

Il éprouvait une irrésistible envie d'ouvrir les yeux. Mais à ce même instant encore, à travers ses paupières fermées un feu rouge l'éblouit, il entendit un formidable fracas et quelque chose le frappa en pleine poitrine.

Il se mit à courir, s'embarrassa dans son sabre et tomba sur le côté.

« Grâce à Dieu, je suis seulement contusionné », pensa-t-il tout d'abord.

Il voulut se tâter la poitrine, mais ses mains semblaient liées, et un étau lui serrait la tête.

Il eut la vision d'un défilé de soldats et inconsciemment il les compta :

« Un, deux, trois soldats, et voici un officier avec son manteau roulé », pensa-t-il.

Puis un éclair jaillit devant ses yeux, et il se demanda de quelle pièce on avait tiré, d'un mortier ou d'un canon?

« Cela doit-être d'un canon, se dit-il.

Mais voici qu'on tire de nouveau, et encore des soldats : cinq, six, sept soldats passent devant lui. Il eut tout à coup peur d'être écrasé. Il voulut leur crier qu'il était contusionné, mais sa bouche était si sèche que sa langue était collé au palais, et une horrible soif le tourmentait.

Il sentait une humidité sur sa poitrine ; cette sensation lui fit penser à de l'eau et il eut un ardent désir de boire ce qui coulait sur lui :

« Je me suis sans doute blessé jusqu'au sang quand je suis tombé ! » pensa-t-il.

Mais la peur que les soldats qui passaient devant lui l'écrasent devint obsédante; il rassembla toutes ses forces, voulut crier: « emportez-moi ! »

Mais il poussa un gémissement si terrible qu'il eut peur de sa propre voix. Puis des feux rouges tremblotèrent devant ses yeux et il lui sembla que les soldats déposaient des pierres sur lui ; les feux s'espacèrent, mais le poids des pierres l'oppressait de plus en plus.

Il fit un effort pour les repousser, s'étendit de tout son long et ne vit plus, n'entendit plus, ne pensa plus et ne sentit plus rien..

Il avait été tué sur place par un éclat de bombe en pleine poitrine.

XIII

Mikhaïlov, dès qu'il avait aperçu la bombe s'était jeté à terre et comme Praskoukhine avait incommensurablement pensé et senti, durant les deux secondes qui précédèrent l'explosion de l'engin.

Il pria mentalement Dieu et répétait sans cesse : « que ta volonté soit faite. »

« Et pourquoi suis-je entré dans l'armée pensait-il ?... Et encore quel besoin avais-je de passer dans l'infanterie pour prendre part à la campagne ? N'aurais-je pas mieux fait de rester dans le régiment des uhlans à T..., et de passer le temps avec mon amie Natacha ? Et je n'en serais pas là maintenant. »

Il commença à compter : un, deux, trois,

quatre... se disant que si l'explosion se produisait sur une seconde paire, il vivrait, et sur une seconde impaire, il serait tué.

Il s'embrouilla dans son calcul, et la bombe fit explosion.

« Tout est fini, je suis mort ! » se dit-il.

Il ressentit une secousse et une atroce douleur à la tête.

« Seigneur, pardonne-moi mes péchés », murmura-t-il.

Il battit des mains, se souleva un peu et retomba sans connaissance.

Lorsqu'il revint à lui, sa première sensation fut celui du sang qui coulait sur son nez et d'une douleur à la tête qui allait diminuant.

« C'est mon âme qui s'envole, pensa-t-il. Qu'est-ce qui m'attend là-bas ? Seigneur, prends mon âme dans ton repos. »

Seulement il trouvait étrange que tout en se mourant il entendît distinctement les pas des soldats et les coups de fusil.

— Apporte la civière ! Le capitaine est tué ! cria une voix qu'il reconnut pour celle du tambour Ignatiev.

Il fit un effort pour ouvrir les yeux et aperçut au-dessus de sa tête le ciel d'un bleu sombre, les constellations et deux bombes qui volaient en ayant l'air de se pourchasser.

Il aperçut aussi Ignatiev, les soldats avec la civière et le fusil, le rempart de la tranchée et comprit tout à coup qu'il était encore de ce monde. Il avait été légèrement blessé à la tête par une pierre.

Maintenant sa première impression était celle du regret; il s'était préparé pour le passage au delà avec tant de sérénité que le retour à la réalité avec les bombes, les tranchées et le sang l'impressionna désagréablement.

Sa seconde impression fut une joie inconsciente, la joie de vivre, et la troisième impression fut le désir de s'éloigner le plus vite possible du bastion.

Le tambour lui banda la tête d'un mouchoir, le prit sous le bras et le conduisit à l'ambulance.

— Mais où est-ce que je vais ? se demanda le capitaine en second à mesure que sa conscience revenait... Mon devoir est de rester avec ma compagnie et non de partir, d'autant plus que ma compagnie se retirera bientôt du feu.

— C'est inutile, petit frère, dit-il en retirant son bras de l'étreinte du tambour secourable, je ne veux pas aller à l'ambulance, je resterai avec ma compagnie.

Il rebroussa chemin.

— Vous ferez mieux d'abord de vous faire panser soigneusement, votre noblesse, dit Ignatiev... Ce n'est qu'au premier moment qu'il semble que ce n'est rien... puis vous voyez quel feu infernal nous recevons ici.

Mikhaïlov hésita un instant. Il aurait sans doute suivi le conseil d'Ignatiev, s'il ne s'était pas souvenu que l'ambulance regorgeait de gens mortellement atteints.

« Peut-être les médecins souriront-ils de mon égratignure ! » pensa-t-il.

Et malgré les raisons qu'alléguait Ignatiev, le capitaine en second revint à sa compagnie.

— Et où est Praskoukhine, qui était à côté de moi? demanda-t-il à l'enseigne qui conduisait la compagnie.

— Je ne sais pas... Je crois qu'il a été tué, répondit à contre-cœur l'enseigne.

— Tué ou blessé ? Comment ne le savez-vous pas ? Il était avec nous... Et pourquoi ne l'avez-vous pas ramassé ?

— Comment le ramasser, quand à côté de nous ce feu infernal ne s'arrêtait pas une seconde ?

— Et alors vous l'avez abandonné ! Et s'il vivait encore ? Et même s'il est mort, il fallait ramasser son corps.

— Il est mort, je vous dis, je me suis approché de lui... On n'a même pas le temps d'emporter les blessés... Ah ! les canailles, voilà qu'ils nous lancent des boulets maintenant.

Mikhaïlov fut obligé de s'asseoir et de se tenir la tête des deux mains, tant le moindre mouvement le faisait souffrir.

— Non, il faut aller le ramasser, peut-être vit-il encore ? dit-il, c'est notre devoir.

L'enseigne ne répondit rien.

— Enfants ! s'écria-t-il, il faut retourner sur vos pas pour ramasser l'officier qui est blessé dans le fossé.

Il dit ces mots d'une voix basse et non impérative, car il comprenait combien il serait pénible pour les soldats de revenir sous le feu peut-être pour rien. En effet, comme il n'adressait cet ordre directement à personne, nul soldat ne s'offrit pour l'exécuter.

« Peut-être en effet, pensa-t-il, est-il mort, et il ne vaut pas la peine d'exposer inutilement les hommes au danger. J'irai seul, pour voir s'il vit encore. C'est mon devoir. »

Il dit à l'enseigne :

— Conduisez la compagnie et continuez votre route, je vous rejoindrai.

Il releva son manteau d'une main et touchant de l'autre l'icone de Saint-Mitrophane, en qui il avait une croyance particulière, il courut dans la tranchée.

Lorsqu'il fut persuadé que Praskoukhine était mort, il rebroussa chemin, haletant, et retenant avec la main le bandeau qui glissait de son front ressentit des douleurs de plus en plus vives.

Le bataillon avait déjà descendu la colline et se trouvait presque hors d'atteinte des projectiles, lorsqu'il le rejoignit, car des bombes égarées de temps en temps voltigeaient autour d'eux.

« Pourtant je ferai bien d'aller demain m'inscrire à l'ambulance ! » se dit le capitaine en second, lorsque l'aide-chirurgien vint le panser.

XIV

Des centaines de corps encore chauds qui, deux heures auparavant, étaient animés de grandes espérances ou de mesquines ambitions, agités de toutes sortes de désirs et de préoccupations, gisaient, les membres sanglants ou raidis, sur le sol de la vallée en fleur, baignée de rosée, ou sur le plancher nu de la chapelle ardente de Sébastopol; et des centaines d'hommes, avec des malédictions ou des prières sur les lèvres desséchées par la fièvre, se retournaient sur les lits ou sur le plancher maculé de l'ambulance, gémissaient sur les civières ou rampaient en se traînant au milieu des cadavres dans la vallée en fleur.

Et ce jour-là, comme à l'aube de tous les

autres jours, les sommités du mont Sapoune, les étoiles scintillantes pâlirent, une vapeur blanche monta de la mer sombre et grondante, la rouge aurore s'enflamma au levant; de longs et minces nuages pourpres s'éparpillèrent sur l'horizon d'un bleu pâle, et, comme tous les jours, le soleil émergea et vint promettre la joie, l'amour et le bonheur au monde ravivé.

Sur le bastion et sur la tranchée française flottent les drapeaux blancs, et au-dessous gisent, sans bottes, dans leurs uniformes gris et bleus, des cadavres mutilés que des ouvriers soulèvent et entassent sur des tombereaux.

L'odeur des corps en putréfaction remplit l'air.

Des hommes sortent en foule de Sébastopol et du camp français pour assister à ce spectacle, et ces hommes sont attirés les uns vers les autres par une curiosité avide et bienveillante.

XV

Le lendemain au soir la musique des chasseurs joua de nouveau sur le boulevard, et de nouveau les officiers, le junker, les soldats et les jeunes femmes se promenaient en fête autour du pavillon et dans les allées en contrebas, ombragées d'acacias à grappes blanches et parfumées.

Kalouguine, le prince Galtzine et un colonel se promenaient bras-dessus, bras-dessous, et parlaient de l'engagement de la veille :

Comme il arrive toujours en pareille occurrence, le fil conducteur du récit n'était pas le combat lui-même, mais le rôle qu'y avait joué celui qui parlait.

Leurs visages ainsi que le timbre de leur voix

avaient une empreinte de gravité et de tristesse, comme si les pertes que l'armée avait subies la veille touchaient et affligeaient chacun d'eux. Mais comme en réalité ni les uns, ni les autres n'avaient perdu quelqu'un qui leur fût cher, cette expression de tristesse était officielle; tous se croyaient tenus d'en faire parade.

Au contraire Kalouguine et le colonel étaient prêts à voir se renouveler chaque jour un semblable combat avec autant de pertes, pourvu qu'ils reçussent chaque fois une épée d'or et un avancement en grade. Et pourtant au demeurant c'étaient de braves gens.

J'aime à entendre traiter de monstre un conquérant qui pour satisfaire son ambition a fait périr des milliers d'êtres humains. Mais analysez en conscience l'enseigne Pétrouchov ou le sous-officier Autonov, et bien d'autres, et vous verrez que chacun de nous est un petit Napoléon, un petit monstre, qui est toujours prêt à commencer une guerre, à tuer des centaines d'hommes pour recevoir une étoile de plus ou le tiers de sa solde en gratification.

— Non, pardon, disait le colonel, d'abord cela a commencé sur le flanc gauche ; je le sais, *puisque j'y étais.*

— C'est possible! répondit Kalouguine : moi, *suis resté plus longtemps au flanc droit; j'y suis allé deux fois : la première, pour chercher le général, et la seconde pour voir les logements. C'est là que ça chauffait!*

— Kalouguine doit être bien renseigné, dit Galtzine au colonel... Sais-tu qu'aujourd'hui, B... *m'a* parlé de toi dans les termes les plus flatteurs.

— Ce qui est mauvais ce sont nos pertes, nos terribles pertes, dit le colonel... *Dans mon régiment* j'ai eu quatre cents hommes mis hors de combat... C'est étonnant que *j'en sois sorti* sain et sauf.

Au même instant ils aperçurent à l'autre extrémité du boulevard, marchant à leur rencontre, Mikhaïlov la tête embandée.

— Vous êtes blessé, capitaine ? demanda Kalouguine.

— Oui, un peu, j'ai reçu une pierre.

— Le pavillon est-il déjà baissé ? dit le prince Galtzine en français, tout en regardant la casquette du capitaine et sans s'adresser à personne en particulier.

— Non, pas encore, dit Mikhaïlov, qui voulut montrer que lui aussi parlait français.

— Est-ce que l'armistice tient toujours? demanda Galtzine en russe au capitaine en second.

Celui-ci comprit que le prince lui faisait entendre qu'il ferait mieux de parler russe.

D'ailleurs les adjudants le quittèrent, et le capitaine comme la veille se sentit très isolé. Après avoir échangé des saluts avec diverses personnes, qu'il n'abordait pas, les unes parce qu'il ne voulait pas cultiver leur connaissance, les autres parce qu'il n'osait pas, il s'assit près du monument de Kasarski et alluma une cigarette.

Le baron Pesth vint aussi sur le boulevard. Il raconta qu'il avait été dans la zone de l'armistice et qu'il s'était entretenu avec un officier français :

— S'il n'avait pas fait clair pendant une demi-heure encore, lui avait dit cet officier, les embuscades auraient été reprises.

— Monsieur, lui avait répondu Pesth, je ne dis pas non, pour ne pas vous donner un démenti.

Et Pesth était ravi de sa réponse.

En réalité, bien qu'il eût été en effet à la zone de l'armistice, il n'avait pas eu l'occasion de parler.

Il en brûlait d'envie ; c'est si amusant de causer avec des Français !

En réalité il s'était longuement promené sur la ligne et avait demandé à tous les Français qu'il rencontrait :

— De quel régiment êtes-vous ?

Ceux-ci répondaient, et là se bornait l'entretien.

Lorsqu'il s'avança trop loin, une sentinelle francaise, ignorant que le junker comprenait sa langue, l'avait injurié à la troisième personne.

—Il vient examiner nos travaux, ce sacré b...

Pesth ne trouva plus rien d'intéressant à l'armistice et s'en retourna ; chemin faisant, il inventa le dialogue en français qu'il venait de raconter.

Il y avait encore sur le boulevard le capitaine Zobov qui avait le verbe haut, le capitaine Objogov, avec un air navré ; le capitaine d'artillerie qui ne recherche personne, et le junker à bonne fortune, et tous les personnages de la veille avec leurs éternelles convoitises. Il manquait seulement au rendez-vous Praskoukhine, Neferdov, et quelques autres à qui personne ne pensait en ce moment, avant même que leurs corps eussent été lavés, habillés et enfouis dans la terre.

XVI

Dans un groupe formé de Russes et de Français, un de nos jeunes officiers, qui sait juste assez de français pour se faire comprendre, examine la sacoche d'un soldat de la garde.

— Et ceci pourquoi ce oiseau li a? demanda-t-il.

— Parce que c'est une giberne d'un régiment de la garde, monsieur, qui porte l'aigle impériale.

— Et vous de la garde?

— Pardon, monsieur, du 6e de ligne.

— Et ceci où acheter? demanda l'officier en montrant un porte-cigare en bois jaune, que le jeune homme tenait à la bouche avec un cigare allumé.

— A Balaclava, monsieur. C'est tout simplement en bois de palmier.

— Joli, dit l'officier entraîné dans la conversation beaucoup plus par les mots qu'il savait que par ce qu'il aurait voulu dire.

— Si vous voulez bien garder ceci en souvenir de cette rencontre, vous m'obligerez.

Et l'aimable Français souffla dehors son cigare avec un léger salut. Le Russe lui donna le sien en échange, et tous ceux qui assistaient à cette petite scène, Français et Russes, paraissaient très contents et souriaient.

Un peu plus loin, trois soldats russes, les mains négligemment croisées derrière le dos, le visage souriant et curieux, s'approchèrent des Français.

L'un d'eux, le plus hardi, vêtu d'une chemise rose, la capote aux épaules, les manches balançant des deux côtés, s'approcha d'un soldat français qui fumait, pour lui demander du feu.

Le Français gratta aussitôt sa pipe, la raviva, et, la renversant dans celle du jeune homme, alluma la pipe du soldat.

« *Tabak boun*, dit celui-ci.

Et tous les spectateurs de rire.

— Oui, bon tabac, tabac turc, répondit le

Français. Et chez vous autres, tabac russe, bon?

— *Rousse, bon*, reprit le soldat à la chemise rose.

Et tous les assistants de se tordre les côtes.

« *Francé niet boun, bonjour moussié*, » dit le soldat en déchargeant d'un seul coup toute sa provision de mots français.

Et, en tapant amicalement sur le ventre de son interlocuteur, il se mit à rire.

Les Français en firent autant.

« Ils ne sont pas jolis, ces b... de Russes! s'écria un zouave.

— De quoi riez-vous ? dit un jeune homme brun avec un accent méridional, s'approchant des Russes.

— *Kafetan boun*, recommença le petit soldat en tâtant les pans de la capote du zouave.

Et tous de rire en chœur.

— Ne sortez pas de vos lignes ; à vos places, sacré!... » cria un caporal français.

Et les soldats se séparèrent avec un visible mécontentement.

Pendant ce temps, au milieu d'un groupe d'officiers français, un jeune et fringant officier russe de la cavalerie se pavanait.

On parlait d'un comte Sozonoff, « que j'ai

beaucoup connu, monsieur, dit un officier français qui n'avait qu'une épaulette. C'est un de ces comtes russes comme nous les aimons.

— Il y a un Sozonoff que j'ai connu, dit l'officier russe ; mais il n'est pas comte, du moins que je sache. Un petit brun de votre âge à peu près.

— C'est ça, monsieur, c'est lui. Oh ! que je voudrais le voir, ce cher comte ! Si vous le rencontrez, je vous prie de lui faire mes compliments. Capitaine Latour, dit-il en saluant.

— N'est-ce pas terrible ? La triste besogne que nous faisons ! Ça chauffait cette nuit, n'est-ce pas ? dit l'officier de cavalerie pour soutenir la conversation et en désignant les cadavres.

— Oh ! oui, monsieur, c'est affreux ! Mais quels gaillards que vos soldats ! quels gaillards ! C'est un plaisir de se battre avec des gaillards comme eux.

— Il faut avouer que les vôtres ne se mouchent pas du pied non plus, » dit le Russe en s'inclinant, tout fier d'avoir si bien répondu.

Mais c'est assez là-dessus.

Regardez plutôt ce gamin de dix ans : il porte une vieille casquette, — ce doit être celle de son père, — ses pieds sont nus, et son pantalon de nankin, tout usé, est retenu par une seule bretelle.

Depuis le commencement de l'armistice, il est sorti des remparts et se promène dans la vallée, regardant avec une curiosité stupide les Français et les cadavres ; entre ces corps qui jonchent le sol, il cueille les fleurs des champs blancs qui couvrent la vallée.

Quand il a composé un gros bouquet, il retourne chez lui en se bouchant le nez, pour ne pas sentir l'odeur que le vent lui apporte en route ; il s'arrête devant un monceau de cadavres entassés pour être emportés, et il regarde avidement un tronc horrible et séparé de la tête qui se trouve tout près de lui.

Après une longue contemplation, il touche du bout de son pied la main étirée et raidie du cadavre. La main remue un peu : l'enfant la pousse une seconde fois et plus fort, la main s'agite et balance sur place.

Le gamin pousse un cri, cache son visage dans le bouquet et se remet à courir de toutes ses forces vers la forteresse.

Oui, sur les bastions et sur les tranchées flotte le drapeau blanc, la vallée en fleur est remplie de cadavres ; le soleil éclatant descend vers la mer bleue, et la mer bleue ondule et brille sous les rayons d'or ; des milliers d'hommes s'agitent, se regardent et se sourient les uns aux autres.

Mais voici, les drapeaux blancs sont retirés, les instruments de la souffrance et de la mort sifflent de nouveau, et de nouveau le sang humain coule à flots, et les gémissements et les malédictions reprennent leur chœur sinistre.

Eh bien ! j'ai dit tout ce que j'ai voulu dire cette fois et de pénibles doutes me tourmentent. Peut-être n'aurais-je pas dû raconter tout cela ; peut-être ce que j'ai relaté est-il de ces mauvaises vérités qui se cachent au plus profond de l'âme de chacun et ne doivent pas être exprimées, de crainte qu'elles deviennent nuisibles, comme le résidu du vin qu'il ne faut pas secouer sous peine d'altérer le breuvage.

Quel est dans ma nouvelle le mal qu'il faut éviter? le bien qu'il s'agit de mettre en évidence? Qui en est le héros et qui le traître?

Tous sont bons et tous sont mauvais.

Ni Kalouguine avec sa bravoure de gentilhomme et l'ambition qui inspirait tous ses actes, ni Praskoukhine, homme nul et insignifiant, mais qui est tombé sur ce champ pour la foi, le trône et la patrie, ni Mikhaïlov avec sa timidité, ni Pesth, un enfant sans principes arrêtés, ne peuvent être le héros ni le traître de mon récit.

Le héros de cette histoire, est une héroïne, une héroïne que j'aime de toutes les forces de mon âme, que je me suis efforcé de retracer dans toute sa beauté et qui a été et sera éternellement belle ; l'héroïne de ma nouvelle, c'est la Vérité.

FIN DE LA PREMIÈRE PARTIE

SECONDE PARTIE

Dans les derniers jours du mois d'août, une petite télègue d'officier roulait sur la grande route de Sébastopol, entre Douvanka et Bakhtchisaraï, dans un nuage épais de poussière chaude.

Sur le devant était accroupi le brosseur qui tenait et tirait les brides ; il portait une redingote de nankin et une vieille casquette de son maître toute ramollie.

Derrière, un officier d'artillerie en manteau d'été, était assis sur des paquets gris et petits, recouverts de la capote du soldat.

L'officier, autant qu'on en pouvait juger quand il était assis, paraissait de taille peu élevée mais large, moins des épaules que du thorax, il avait le cou et la nuque fortement développés. Il n'avait pas de taille ni de ventre, au contraire, il était plutôt maigre, surtout son visage couvert d'un hâle jaunâtre. Il aurait été beau sans les rides précoces, larges et molles qui sillonnaient et confondaient ses traits et donnaient à tout son visage une expression fanée et grossière. Il avait de petits yeux bruns, très vifs, même effrontés, des moustaches très touffues mais étroites ; son menton et surtout ses pommettes disparaissaient sous un duvet noir, épais et rude sur lequel le rasoir n'avait pas passé depuis deux jours. L'officier avait été blessé le 10 mai d'un éclat à la tête et il portait encore un bandage. Comme il se sentait tout à fait bien portant depuis une semaine, il retournait du lazaret à son régiment qui devait se trouver aux alentours de l'endroit d'où venait le bruit de la fusillade. Personne cependant ne put lui dire si son régiment se trouvait à Sébastopol même ou à la Severnaïa ou à Inkermann.

En route il entendait distinctement les coups

rapprochés des fusils et la canonnade, surtout quand il se trouvait dans la direction du vent et que les montagnes n'en interceptaient pas le son. Tantôt l'explosion semblait ébranler l'air et le faisait tressaillir involontairement ; tantôt des coups violents se succédaient rapidement comme un battement de tambour, coupé par instant par un formidable fracas ; tantôt tous ces bruits se confondaient en un roulement de tonnerre au moment où l'orage atteint son apogée et la pluie éclate.

Tout le monde disait et lui-même s'en rendait compte, que le bombardement était effrayant.

Il pressait son brosseur d'avancer. Il avait envie d'arriver le plus tôt possible.

A sa rencontre venait un grand convoi de moujiks qui avaient apporté des provisions à Sébastopol et revenaient chargés de malades et des blessés, de soldats en capotes grises, des matelots en paletots noirs, de volontaires coiffés de fez rouges et de miliciens barbus.

La télègue de l'officier dut s'arrêter sous les nuées épaisses de poussière immobiles soulevées par le convoi. L'officier, clignant des yeux et ronflant à cause de la poussière qui lui remplissait les yeux et les oreilles, considérait les visages des malades et des blessés qui passaient devant lui.

— Voici un soldat de notre compagnie, dit le brosseur.

Il se tourna vers son barine et lui indiqua un des chars plein de blessés qui se trouvait près d'eux.

Sur le devant du char était assis du côté un moujik barbu, en chapeau de feutre, et qui attachait son fouet en tenant le manche sous son coude.

Derrière lui, dans la télègue, cinq soldats en postures diverses sursautaient à tous les cahots.

L'un, le bras en écharpe, le manteau jeté sur les épaules bien que maigre et pâle, se tenait courageusement au milieu du char. Ayant aperçu l'officier, il voulut retirer sa casquette, mais se souvenant qu'il était blessé fit mine de se gratter la tête.

A côté de lui, au fond du char, était couché un soldat ; on ne voyait que ses deux mains agrippées aux ridelles du char et ses genoux relevés qui oscillaient à droite et à gauche comme des chiffes.

Le troisième blessé, le visage enflé et la tête embandée sur laquelle retombait sa casquette de soldat, était assis les jambes au-dessus de la roue ; accoudé sur ses genoux il semblait dormir.

— Dolgikov ! cria l'officier de la télègue.

— C'est moi, répondit le soldat d'une voix de basse si sonore qu'on eût dit vingt soldats criant ensemble.

Il ouvrit les yeux et leva sa casquette.

— Quand donc as-tu été blessé, mon cher ?

Les yeux de plomb enfoncés dans la boursouflure des paupières du troupier se ranimèrent ; il avait reconnu son officier.

— Je vous souhaite bonne santé, votre noblesse ! cria-t-il de la même voix rugissante.

— Où est notre régiment ?

— Il était à Sébastopol, votre noblesse,... mercredi il avait l'intention de se mettre en marche.

— Pour aller où ?

— Personne n'en sait rien... Il faut croire à la Sévernaïa, votre noblesse.

Après une pause il ajouta d'une voix traînante et en remettant sa casquette :

— C'est effrayant comme l'ennemi nous crible

maintenant !... Surtout d'obus... Il en tombe jusque dans la baie... Maintenant, ils nous massacrent de telle sorte que...

On ne pouvait plus entendre ses paroles, mais par l'expression de son visage et la position de son corps, on voyait qu'il donnait des nouvelles peu rassurantes avec l'amertume d'un homme qui souffre.

Koseltzev, l'officier de la télègue, était un homme qui sortait de l'ordinaire. Il n'était pas de ces gens qui vivent et agissent de telle façon, parce que les autres lui en donnent l'exemple ; il agissait comme il lui plaisait, et les autres l'imitaient parce qu'ils étaient sûrs que c'était bien. Il avait reçu en partage plusieurs petits dons : il chantait agréablement, jouait de la guitare, parlait avec volubilité, et écrivait assez facilement surtout les rapports officiels, auxquels il s'était fait la main comme adjudant au bataillon.

Mais ce qui le distinguait surtout, c'était son énergie ambitieuse. Il avait une de ces ambitions qui remplissait si bien toute sa vie qu'il ne voyait pas de choix entre être le premier ou se détruire. Cette ambition qui se développe chez les hommes et principalement dans la classe militaire était le mobile de toutes ses pensées et de toutes ses actions.

Il aimait à tenir la première place même en pensée, quand il se comparait aux autres.

Il ressentit au cœur une apathie lourde et ses peines s'embrouillèrent, lorsqu'il vit le convoi des blessés et écouta les réflexions du soldat dont la signification s'amplifiait par le terrible bombardement qui les soulignait.

— Allons donc, se dit-il, est-ce que j'écouterai ce que chante ce *Moskva !* (terme demi-méprisant demi-affectueux donné aux soldats par les officiers.) Il est ridicule !... Plus vite, Nicolaiev... Voyons, est-ce que tu t'endors ?

Nicolaiev secoua les brides, excita ses chevaux, et la télègue partit au trot.

— Tu prendras seulement le temps de donner un peu d'avoine aux chevaux, et nous repartirons aujourd'hui même, reprit l'officier.

II

Lorsque la télègue pénétra dans la rue de Douvanka, au milieu des ruines des maisons tatares, Koseltzev fut de nouveau arrêté par un transport de bombes et de boulets que l'on conduisait à Sébastopol ; deux fantassins étaient assis dans la poussière sur les débris d'un enclos ruiné, près de la route, et mangeaient de la pastèque avec du pain.

— Vous allez loin, pays? demanda un des fantassins, la bouche pleine de pain, à un soldat la sacoche sur l'épaule, qui fit halte près d'eux.

— Nous allons rejoindre notre compagnie.... Nous avons passé trois semaines à ramasser du foin, et maintenant on nous a tous appelés, mais nous ne savons pas où se trouve notre régiment.

Peut-être le savez-vous, monsieur ?

— Il est dans la ville, petit frère, il est dans la ville, dit un autre soldat... Nous venons de là. Ce qui se passe là-bas !...

— Que se passe-t-il ?

— Est-ce que tu n'as pas d'oreilles ?... La ville tout entière est arrosée, il n'y a pas une place de libre... Ce qu'ils en ont fait tomber des nôtres ! qui pourrait les compter ?

Le soldat branla la tête, fit à plusieurs reprises claquer sa langue contre son palais, puis sortit de sa poche un brûle-gueule, creusa du doigt le tabac roussi, alluma un morceau d'amadou à la pipe de son camarade et leva sa casquette en signe de départ.

— Dieu est tout notre espoir, messieurs ; au revoir ! dit-il

Il secoua sa besace sur son épaule et partit.

— Tu ferais mieux de ne pas tant te dépêcher, lui dit d'un ton persuasif le soldat qui mangeait la pastèque :

— Je n'ai rien à perdre ! répondit son interlocuteur.

Et il se glissa entre l'encombrement des chars.

III

Le relais de la poste débordait de monde, lorsque Koseltzev y arriva.

La première personne, qu'il rencontra sur le perron, était un très jeune homme maigre et qui se querellait depuis un moment avec deux officiers qui le suivaient.

C'était le chef du relais.

— Et ce n'est pas trois mais bien dix jours que vous attendrez des chevaux ! Les généraux eux-mêmes sont obligés de les attendre, disait le jeune homme avec le désir évident de piquer les voyageurs. Moi, je ne m'attellerai pas pour vos beaux yeux !

— S'il n'y a pas de chevaux, alors, faut n'en donner à personne... Pourquoi sait-on bien en trouver lorsqu'il s'agit d'un laquais encombré de bagages?... criait l'aîné des officiers, un verre de thé à la main.

Il évitait exprès les prénoms pour faire sentir au chef du relais que rien ne s'opposait à ce qu'il lui dise TU, si la fantaisie lui en prenait.

— Jugez vous-même, monsieur le chef, disait en hésitant le plus jeune officier... Ce n'est pas pour notre plaisir que nous voyageons... On a sans doute besoin aussi de nous puisqu'on nous appelle.... Vrai, je me plaindrai au général.... Car enfin, qu'est-ce que cela signifie, vous n'avez donc pas le respect du grade d'officier ?

— Vous gâtez toujours les choses, interrompit l'aîné des officiers d'un ton dépité... Vous ne faites que m'embarrasser... il faut savoir comment parler à ces gens... Que j'aie des chevaux sur le champ, je l'ordonne.

— Voudrais bien, mon petit père, mais où les prendre ?

Le chef du relais se tut un instant, puis se montant de nouveau il recommença à parler en agitant les bras.

— Je comprends tout, petit père, je sais tout... mais qu'est-ce que j'y peux ?... Laissez-moi seulement (le visage des officiers exprima l'espoir), laissez moi seulement finir ce mois et j'en ai assez, je n'en veux plus... J'aimerais mieux aller à Malakov que de rester ici, je vous le jure... Il n'y a pas dans tous les relais un seul char solide, et depuis trois jours mes chevaux n'ont pas vu un brin de foin.

Après cette déclaration, le chef de relais disparut. Kozeltzev et les officiers rentrèrent dans la salle d'attente.

— Eh bien! quoi, dit très calmement l'officier qui un instant auparavant semblait si fort en colère... Nous sommes en route depuis trois mois, prenons encore patience... Nous n'y arriverons jamais trop tard.

La salle malpropre, enfumée, était tellement encombrée d'officiers et de bagages, que Koseltzev trouva difficilement un coin pour s'asseoir sur le rebord d'une fenêtre. Il se mit à rouler une cigarette tout en écoutant ses voisins.

A droite de la porte, autour d'une table tachée et boiteuse, sur laquelle se trouvaient deux samovars, dont le cuivre se couvrait de vert de gris, et des sacs de papiers déchirés et pleins de sucre, était assis le principal groupe. Un jeune officier imberbe remplissait la théière d'eau; quatre autres officiers aussi jeunes et imberbes étaient dispersés aux quatre coins de la chambre. L'un d'eux, sa pelisse sur la tête, dormait sur le divan ; l'autre, debout près de la table, coupait en minces morceaux une tranche de rôti de veau pour un officier manchot.

Deux officiers, l'un en manteau d'adjudant, l'autre en uniforme de fantassin de drap fin, avec une sacoche en bandoulière, étaient assis près du divan. Rien qu'à la manière dont ils regardaient les autres et fumaient leurs cigares, il était évident qu'ils n'étaient pas officiers de front, et qu'ils en étaient contents.

Ce n'est pas que leur attitude trahît du mépris, mais elle manifestait une sérénité joyeuse, reposant en partie sur la conscience de leur fortune et en partie sur leurs relations avec les généraux. Ils étaient si sûrs de leur supériorité, qu'ils s'efforçaient de la cacher.

Il y avait encore dans la salle un jeune médecin aux lèvres épaisses et un officier d'artillerie à la tête allemande. Ils étaient assis presque sur les jambes du jeune officier qui dormait et comptaient de l'argent.

Plusieurs brosseurs se trouvaient là ; les uns dormaient, les autres flânaient autour des bagages près de la porte.

Kozeltzev ne trouva pas un visage de connaissance parmi toutes ces têtes.

Les jeunes officiers, qui selon son appréciation étaient fraîchement émoulus de l'École militaire, lui firent bonne impression et surtout lui rappelèrent que son jeune frère, de même à peine sorti du corps des cadets, devait arriver un de ces jours à une des batteries de Sébastopol. Quant à l'officier avec la sacoche, qu'il lui semblait avoir déjà vu, toute sa personne lui parut antipathique et insolente.

Il se rapprocha même de lui avec l'idée de « le remettre à sa place s'il lui prenait fantaisie de dire quelque chose. »

Comme tout bon officier de front, il n'aimait pas les gens de l'état-major; il reconnut au premier coup d'œil que ces deux officiers en faisaient partie.

IV

— Cependant quel ennui ! dit un des jeunes officiers ; être si près et ne pas pouvoir arriver ! Peut-être y aura-t-il un engagement aujourd'hui, et nous n'y serons pas !

Par le ton aigu de la voix du jeune homme, et les taches vermeilles qui envahirent ses joues pendant qu'il parlait, l'on voyait percer la tendre et juvénile timidité de l'adolescent qui a toujours peur de ne pas s'exprimer aussi bien qu'il le voudrait.

L'officier manchot le regardait en souriant.

— Vous arriverez toujours à temps, croyez-moi, dit-il.

Le jeune officier regarda avec respect le visage amaigri du manchot qu'un sourire illuminait; il se tut et se remit à remplir les verres de thé.

En effet, dans le visage du manchot, dans sa pose, et surtout dans la manche vide de son uniforme, il y avait une indifférence calme qui semblait dire : « Tout cela est beau ; je le connais et j'en ferais autant si je le voulais. »

— Que décidons nous ? demanda de nouveau le jeune officier à son camarade. — Passons-nous la nuit ici ou nous contentons-nous de notre cheval ?

Le camarade refusa de se mettre en route.

— Imaginez-vous, capitaine, continua en s'adressant au manchot le jeune officier qui versait le thé, on nous a dit que les chevaux coûtent très cher à Sébastopol; alors nous avons acheté en commun un cheval à Simphéropol.

— On vous a sans doute écorché?

— Vraiment, je n'en sais rien, capitaine. Nous avons payé pour le cheval et le char 90 roubles ; est-ce très cher ? dit-il en s'adressant à tout le monde, entre autres à Koseltzev qui le regardait.

— Si c'est un jeune cheval, ce n'est pas cher, dit celui-ci.

— N'est-ce pas? Et pourtant on nous assure

que nous l'avons payé plus qu'il ne fallait. Il boite un peu, seulement. Cela ne fait rien, cela passera... On nous a certifié qu'il est fort et vigoureux.

— De quel corps venez-vous ? demanda Koseltzev désireux d'obtenir des informations sur son frère.

— Actuellement nous venons du régiment des nobles... nous sommes six et nous allons à Sébastopol sur notre initiative. Seulement nous ne savons pas où sont nos batteries... Les uns nous disent qu'elles sont à Sébastopol et les autres à Odessa.

— N'auriez-vous pas pu vous renseigner plus exactement à Simphéropol ? demanda Koseltzev.

— On ne sait rien là... Figurez-vous qu'un de nos camarades y est allé aux informations et on ne lui a dit que des sottises... C'est très désagréable, n'est-ce pas ? Voulez-vous une cigarette toute faite? dit-il à l'officier manchot qui cherchait à atteindre son porte-cigare.

Le jeune homme prodiguait avec un enthousiasme presque servile ses attentions au manchot.

— Et vous venez aussi de Sébastopol ? demanda-t-il à Koseltzev. Ah ! mon Dieu que c'est étrange ! Vous ne vous imaginez pas combien nous pensons à vous à Saint-Pétersbourg, à tous les héros !

— Et vous, vous serez peut-être obligé de rebrousser chemin ? dit Koseltzev.

— C'est toute notre crainte. Songez donc, ajouta-t-il à voix basse, à cause de l'achat du cheval et d'autres objets nécessaires, il ne nous reste presque plus d'argent... Si nous devions maintenant rebrousser chemin, nous ne saurions pas comment nous y prendre.

— Ne vous a-t-on pas donné vos frais de route?

— Non, répondit-il, sous la voix, on nous a promis de nous les donner ici.

— Et avez-vous le certificat ?

— Je sais bien qu'il faut un certificat, mais à Moscou, un sénateur — mon oncle — m'a dit qu'on nous remboursera tout ici, sans quoi il me l'aurait donné lui-même. Croyez-vous qu'on nous remboursera ici ?

— Sans doute.

— Et moi aussi, je crois qu'on nous les donnera, conclut-il sur un ton qui prouvait qu'ayant reçu des réponses contradictoires, il ne croyait plus à personne.

V

— Qui a demandé du *bortch* (soupe russe), demanda une grosse femme de quarante ans qui entra, portant une terrine.

La conversation s'arrêta immédiatement et tous considérèrent l'hôtelière.

Un des officiers cligna même des yeux significativement en la désignant à un autre.

— Ah ! c'est Koseltzev qui a demandé le bortch, dit le jeune officier, il faut le réveiller.

Il s'approcha du jeune homme qui dormait sur le divan et le secoua par l'épaule :

— Réveille-toi, à table !

Un jeune garçon de dix-sept ans, aux yeux noirs riants et les joues vermeilles, bondit énergiquement du divan et s'arrêta au milieu de la chambre en se frottant les yeux.

— Ah! pardon, dit-il au médecin qu'il bouscula en se levant.

Le lieutenant Koseltzev reconnut aussitôt son jeune frère et s'élança vers lui.

— Tu ne me reconnais pas ? dit-il en souriant.

— Ah! Ah! Ah! cria le cadet, — quelle surprise!

Et il se jeta au cou de son frère.

Ils s'embrassèrent trois fois, mais s'arrêtèrent une seconde avant la troisième étreinte, comme si tous deux se demandaient pourquoi il faut s'embrasser trois fois.

— Que je suis heureux! dit l'aîné en examinant son cadet. Allons sur le perron, nous pourrons causer.

— Allons, allons. Je ne veux pas de *bortch!* mange-le, Federov, dit-il à son camarade.

— Mais tu as demandé à manger ?

— Je n'ai plus faim!

Quand ils furent sur le perron, le cadet bombarda l'aîné de questions, sans cesser de répéter combien il était heureux de le voir.

— Pourquoi n'es-tu pas entré dans la garde,

comme nous le désirions tous ? demanda le grand frère.

— Je voulais être envoyé le plus vite possible à Sébastopol : si j'ai de la chance ici, j'avancerai plus vite que dans la garde. Là il faut dix ans pour devenir colonel. Ici Totleben, en deux ans, de lieutenant-colonel est devenu général... Et si l'on me tue, tant pis.

— Tu es comme cela ? dit en souriant l'aîné.

— Mais... surtout... sais-tu quoi, frère ? dit l'adolescent, souriant et devenu rouge comme s'il avait à faire un aveu honteux. — J'ai demandé qu'on m'envoie à Sébastopol parce que, vois-tu, ce n'est pas consciencieux de rester tranquillement à Saint-Pétersbourg, quand tant de gens meurent pour la patrie... Puis, j'avais envie d'être à tes côtés ! ajouta-t-il, encore plus confus.

— Que tu es drôle ! dit l'aîné sans le regarder. C'est dommage pourtant, nous ne serons pas ensemble.

— Mais, dis-moi la vérité, dit à brûle-pourpoint le plus jeune, est-ce qu'on a peur aux bastions ?

— D'abord on a peur, puis on s'y fait... Tu sauras bientôt à quoi t'en tenir là-dessus !

— Mais dis-moi encore, qu'en penses-tu ? Prendront-ils Sébastopol ?... Moi je crois que nous ne le permettrons pas.

— Dieu le sait !

— Encore une chose désagréable. Vois-tu, quel malheur nous est arrivé en route ? On nous a volé tout un paquet dans lequel se trouvait mon shako, et maintenant je me trouve dans une situation critique, je ne sais pas comment je pourrai me présenter.

Wladimir Koseltzev, le cadet, ressemblait beaucoup à son frère Mikhaïl, mais il lui ressemblait comme un rosier en fleur ressemble à un églantier fané. Il avait aussi les cheveux blonds, mais épais et frisant sur les tempes. Sur sa nuque blanche et délicate descendait une petite boucle blonde, un signe de bonheur à ce qu'assurent les nianias.

Sur la peau blanche de ses joues, rythmé par chaque mouvement de son âme montait un flot empourpré qui s'effaçait aussitôt. Il avait les mêmes yeux que son frère, mais plus ouverts, plus lumineux, ce qui tenait surtout à ce qu'ils se voilaient souvent d'une gaze transparente. Un duvet blanc naissait sur ses joues et au-dessus de ses lèvres rouges qui se plissaient souvent en un sourire timide et découvraient des dents blanches, étincelantes. Élancé, large d'épaules, le manteau ouvert sous lequel on voyait la blouse rouge au col boutonné de côté, une cigarette entre les doigts, accoudé sur le parapet du perron, la joie naïve éclatant dans sa voix et dans ses gestes, il était si beau, qu'on ne se lassait pas de le regarder.

Il était extrêmement heureux d'avoir rencontre son frère, qu'il considérait avec fierté et respect, se le représentant comme un héros; mais sous certains rapports, surtout celui de la correction mondaine et de l'élégance de l'éducation française, de la tenue en présence des personnages officiels et de la danse, il avait un peu honte de lui, et même se flattait de compléter son éducation. Toutes ces impressions dataient encore de Saint-Pétersbourg, de la maison d'une mondaine qui aimait les beaux jeunes garçons et l'invitait à toutes ses fêtes, et encore de la maison d'un sénateur à Moscou où il avait dansé dans un grand bal.

VI

Lorsqu'ils eurent parlé à satiété et furent arrivés à ce point où l'on se rend compte qu'on est très heureux de se voir, mais qu'on a peu d'intérêts en commun bien qu'on s'aime beaucoup, les deux frères restèrent silencieux un long moment.

— Eh bien ! prends tes effets et partons tout de suite, dit l'aîné.

Le cadet rougit tout à coup et eut l'air embarrassé.

— Nous irons tout droit à Sébastopol ? demanda-t-il après un court silence.

— Mais oui, tout droit à Sébastopol... Tu n'as pas beaucoup d'effets ? Je peux les prendre dans ma télègue ?

— Bien, partons...

Il poussa un soupir et se dirigea vers la salle. Mais il n'ouvrit pas la porte et s'arrêta dans l'antichambre en baissant tristement la tête.

« Partir pour aller tout droit à Sébastopol, sous les bombes?... C'est horrible!... pourtant il le faut bien... Au moins comme ça, je serai avec mon frère. »

C'est alors seulement, à la pensée qu'une fois dans la télègue il irait à Sébastopol sans descendre de la voiture et sans qu'aucune éventualité pût le retenir, qu'il eut pour la première fois une idée nette du danger qu'il recherchait. Il se troubla à la seule idée que le danger était si proche.

Sans qu'il pût se maîtriser un peu, il entra dans la salle; mais un quart d'heure s'écoula et il ne sortait toujours pas.

Koseltzev l'aîné ouvrit la porte pour l'appeler. Wladimir, dans la pose d'un écolier surpris en faute, parlait avec un des officiers.

Lorsque son frère ouvrit la porte, il eut l'air décontenancé.

— Je viens tout de suite, tout de suite, dit-il en faisant signe de la main à son frère, — attends-moi là, je t'en prie.

Une minute plus tard, en effet, il sortit et s'approcha de son aîné en poussant un gros soupir.

— Figure-toi, frère, que je ne peux pas aller avec toi.

— Pourquoi donc, quelle bêtise!

— Je te dirai toute la vérité, Micha, nous n'avons plus un copeck, pas plus les uns que les autres et nous devons tous de l'argent au capitaine en second que tu as vu dans la salle... J'ai vraiment honte...

Koseltzev l'aîné fronça les sourcils et resta longtemps sans dire un mot.

— Et tu dois beaucoup? demanda-t-il en regardant son frère en dessous.

— Beaucoup... Non, pas trop... Mais j'ai honte... Il a payé pour nous la dépense de trois relais, puis nous avons toujours mangé son sucre... Et nous avons joué aux cartes, et je lui dois...

— C'est mal, Volodia... Eh bien, qu'aurais-tu fait, si tu ne m'avais pas rencontré? dit le lieutenant sévèrement.

— Mais j'ai compté, cher frère, que je recevrais les frais de route à Sébastopol... C'est, d'ailleurs, ce que je dois faire et je partirai avec lui demain.

Mikhaïl Koseltzev sortit sa bourse de sa poche et en retira avec un léger tremblement des doigts deux billets de dix roubles et un de trois.

— C'est tout ce que je possède, dit-il... Combien dois-tu ?

En avouant que c'était tout ce qu'il possédait Koseltzev ne disait pas l'exacte vérité ; il avait encore quatre pièces d'or, cousues à toute occurrence dans le parement de son uniforme et auxquelles il s'était promis de jamais toucher.

Les dettes du jeune homme, d'ailleurs, ne s'élevaient qu'à huit roubles. Le frère aîné les lui remit tout en lui faisant la remarque, que lorsqu'on n'a pas d'argent il ne faut pas jouer aux cartes.

— Avec quel argent as-tu joué? lui demanda-t-il.

Le cadet ne répondit rien ; son frère doutait donc de son honnêteté !

Le mécontentement de soi-même, la honte de l'acte qui avait pu faire naître de tels soupçons, et cet outrage de la part de son frère qu'il aimait tant firent naître dans cette nature impressionnable un tel sentiment de douleur qu'il ne répondit rien.

Il se sentait incapable de réprimer les larmes qui lui serraient la gorge ; il prit l'argent, sans lever les yeux sur son frère, et alla rejoindre ses camarades.

VII

Nicolaïev qui s'était reconforté en absorbant deux verres d'eau de vie, achetés à un soldat qui en débitait sur le pont, tirait plus fortement les brides, et la télègue rebondissait sur la route pierreuse, rarement ombragée et qui conduisait à Sébastopol. Les deux frères, s'entrechoquant les genoux, gardaient un silence obstiné tout en ne cessant de penser l'un à l'autre.

« Pourquoi m'a-t-il outragé? pensait Volodia. Avait-il besoin de me dire cela?... Comme s'il me prenait pour un voleur!... Et il est toujours fâché! Et nos relations sont gâtées pour toujours. Et comme nous aurions pu être heureux tous deux à Sébastopol! Deux frères qui s'aiment combattent ensemble l'ennemi.

L'aîné, bien que pas très instruit, est un brave et l'autre est jeune... mais non moins brave!... Dans une semaine j'aurai prouvé à tout le monde que je ne suis pas si jeune! Je cessera de rougir, mon visage deviendra plus viril, et j'aurai de petites moustaches déjà respectables. »

Il pinça le duvet naissant qui ombrait sa joue :

« Peut-être aujourd'hui, en arrivant, tomberons-nous au milieu d'un engagement; je suis certain qu'il est très courageux et persévérant. Il est de ceux qui parlent peu et font mieux que les autres... Je voudrais pourtant savoir si c'est exprès qu'il me serre contre le bord de la télègue. Il devine sans doute que cela m'incommode et il fait semblant de ne pas le remarquer. »

« Eh bien! nous arriverons bientôt, continuait-il à penser en se serrant au bord de la télègue et en s'efforçant de ne pas remuer, de crainte que son frère vît qu'il n'était pas confortablement installé. Eh bien! nous arrivons tout droit aux bastions : moi, je conduis les canons, mon frère, la compagnie. Nous marchons ensemble, lorsque tout à coup les Français se jettent sur nous. Je fais feu, je massacre une masse de gens, mais ils continuent à courir droit sur moi... Impossible de continuer à tirer et je dois tomber; tout à coup mon frère court en avant avec son sabre, moi, je prends mon fusil, et nous avançons avec nos soldats. Les Français se jettent sur Micha : je cours à son secours, je tue un Français, un second, et je sauve mon frère! Je suis blessé à la main, j'ai saisi le fusil de l'autre et je cours toujours : mon frère est tué par une balle. Je m'arrête un instant, je le regarde avec tristesse, puis je me lève et je crie : « Suivez-moi! vengeons-le! J'aimais mon frère par-dessus tout en ce monde et je l'ai perdu. Massacrons l'ennemi, vengeons mon frère ou mourons tous sur place. » Tous les hommes me suivront avec des cris de guerre. L'armée française nous attaquera avec Pélissier en tête. Nous les exterminerons tous. Mais finalement on me blessera une seconde fois, une troisième et je tomberai mortellement atteint. Tout le monde se pressera autour de moi. Gortchakov viendra et me demandera ce que je désire. Je répondrai que je n'ai qu'un désir, c'est d'être enterré à côté de mon frère, car je veux mourir avec lui. On m'emportera et l'on me mettra à côté du cadavre ensanglanté de mon frère. Je me soulèverai et je dirai : « Vous n'avez pas su apprécier deux hommes qui ont aimé sincèrement la patrie. Maintenant ils sont couchés tous les deux. Que Dieu vous pardonne ! » Et je rendrai le dernier soupir. »

— As-tu jamais pris part à un engagement ? demanda-t-il, oubliant tout à fait qu'il ne ne voulait pas adresser la parole à son frère.

— Non, pas une seule fois, répondit Mikhaïl Koseltzev... Nous avons perdu deux mille hommes dans notre régiment aux travaux de fortifications et j'y ai été blessé aussi. La guerre ne se fait pas comme tu te l'imagines, Volodia.

Cet appel toucha le cadet, et il se décida à s'expliquer avec son frère qui ne se doutait même pas qu'il l'eût offensé.

— Tu ne m'en veux pas, Micha ? dit-il après un court silence.

— Pourquoi t'en voudrais-je ?

— Mais rien... à cause de cette affaire ?...

— Mais je ne t'en veux point du tout, dit l'aîné en se tournant vers le jeune homme et en lui donnant une petite tape amicale sur la jambe.

— Je te demande pardon, Micha, si je t'ai fait de la peine.

Volodia se détourna pour cacher les larmes qui lui montaient aux yeux.

VIII

— Est-ce déjà Sébastopol ? demanda Volodia lorsqu'ils atteignirent le sommet de la montagne qui domine la ville.

Ils découvrirent à leurs pieds la baie avec les mâts des navires, la mer et la flotte de l'ennemi au loin, les lanches batteries du littoral, les casernes, les aqueducs, les docks, les édifices de la cité, et les nuages de fumée blancs et mauves, qui sans cesse rampaient sur les montagnes dorées qui entourent la ville, puis planaient dans le ciel bleu, sous les rayons rosés du soleil qui déclinait déjà, et se reflétaient avec éclat vers l'horizon de la sombre mer.

Volodia aperçut sans la moindre appréhension ce lieu terrible auquel il pensait depuis si longtemps ; au contraire, il ressentait un plaisir esthétique et un sentiment belliqueux de contentement à la pensée que dans une demi-heure il serait là et contemplerait ce spectacle vraiment original et beau. Il regardait tout au tour de lui avec une attention concentrée jusqu'au moment où ils atteignirent la Severnaïa, dans le charroi du régiment de son frère, où il devait se renseigner sur l'exacte position de son régiment et de sa batterie. Les deux frères trouvèrent l'officier qui était à la tête du charroi, dans la tente, assis devant une table malpropre sur laquelle se trouvaient un verre de thé froid, un plateau avec un flacon d'eau de vie, des miettes de caviar sec et du pain. Il était en manches de chemise jaune et sale et comptait une énorme liasse d'assignats.

Son aspect extérieur était beau et martial : taille élevée, longues moustaches et une noble prestance ; mais on était désagréablement frappé par la boursouflure de son visage toujours en moiteur, où se noyaient ses petits yeux gris, comme s'il était toujours plein de porter. Puis il était très négligé, depuis ses cheveux huileux jusqu'à ses grands pieds nus dans ses pantoufles d'hermine.

— Que d'argent vous avez là ! s'écria Koseltzev aîné en entrant dans la baraque et en jetant un regard de convoitise involontaire sur le tas d'assignats : vous devriez m'en prêter la moitié au moins, Vassili Mikhaïlovitch?

L'officier du charroi à la vue des visiteurs avait fait la grimace. Il ramassa l'argent et salua sans se lever de sa chaise.

— Si cet argent m'appartenait! dit-il.... c'est l'argent du gouvernement.

Il le serra dans une boîte placée à côté de lui.

— Et qui est ce jeune homme qui vous accompagne? demanda-t-il, en regardant Volodia.

— C'est mon frère... Il arrive du corps... Nous sommes venus vous demander, si vous savez où se trouve notre régiment?

— Prenez place, messieurs... Vous prendrez peut-être un verre de porter ?

— Cela ne fera pas de mal.

Volodia était frappé par l'air imposant de l'officier, par sa tenue négligée et le respect que lui témoignait son frère.

« Ce doit être un bon officier que tout le monde estime : sans doute un homme simple, hospitalier et brave, » pensa-t-il.

— Savez-vous où est notre régiment ? demanda Koseltzev à l'officier, qui emportait sous la tente la caisse d'argent.

— Zeffer est venu aujourd'hui et m'a dit qu'ils ont passé au cinquième bastion.

— Est-ce sûr ?

— Puisque je le dis, cela doit être sûr !... D'ailleurs le diable le sait, mentir ne lui coûte rien. Eh bien, quoi ? Voulez-vous du porter ?

— Si vous le permettez.

— Et vous, Ossip Ignatievitch ? dit l'officier en s'adressant au commissionnaire qui occupait la même tente que lui. C'est assez dormir ; il est déjà cinq heures.

Peu après la bouteille de porter fut vidée et le commissionnaire, en robe de chambre et la casquette ornée d'une cocarde sur la tête, se joignit aux officiers.

— Alors vous allez demander de vous-même qu'on vous envoie à Sébastopol ? dit-il à Volodia.

— Certainement.

— Quel plaisir y trouvez-vous, messieurs ? je ne vous comprends pas ! dit le commissionnaire ! Si j'étais libre, je partirais d'ici, à pied s'il le faut. Je vous assure que j'en ai par-dessus la tête de cette vie maudite !

— Il me semble que vous n'avez pas lieu de vous plaindre ? lui dit Koseltzev.

Le commissionnaire le regarda et détourna la tête.

— Toujours en danger, reprit-il, toujours des privations, on ne peut rien se procurer. Messieurs, je ne comprends pas le plaisir que vous pouvez y trouver ! Si encore cela vous procurait des avantages ! Voyons, à votre âge... et vous risquez de rester peut-être toute la vie perclus !

— Il y a des gens qui tiennent aux profits, mais d'autres qui servent pour l'honneur ! dit Koseltzev d'un ton fâché.

— Quel honneur de n'avoir rien à manger, dit le commissionnaire d'un ton méprisant en s'adressant à l'officier du charroi qui éclata aussi de rire... Fais jouer *Lucie de Lamermoor* dit-il en indiquant une boîte à musique sur la table. J'aime cet opéra.

— Est-ce que l'officier du charroi est un brave homme ? demanda Volodia à son frère, lorsqu'au crépuscule ils sortirent de la baraque et reprirent la route de Sébastopol.

— Ce n'est pas un méchant homme, seulement horriblement avare. Mais quant au commissionnaire, je ne peux pas le souffrir, je lui casserai un jour la tête.

IX

Volodia n'était pas précisément de mauvaise humeur, lorsqu'à la tombée de la nuit ils approchèrent du grand pont jeté sur la baie ; mais il sentait comme un poids sur son cœur.

Tout ce qu'il voyait et entendait répondait si peu à ses impressions toutes récentes et qui paraissaient déjà très loin de lui.

Où sont la grande salle claire parquetée des examens, les voix gaies et familières et les rires des camarades, le nouvel uniforme, le tsar aimé que durant sept ans il avait pris l'habitude de voir et qui, lors des adieux, les avait, les larmes aux yeux, appelés « mes enfants ! »

Puis comme tout ce qu'il voyait ressemblait peu à ses rêves beaux et généreux !

— Nous voici arrivés, dit le frère aîné lorsqu'ils se trouvèrent près de la batterie Mikhaïlov.

Ils sortirent de la télègue.

— Si on nous laisse passer le pont, nous irons droit aux casernes Nicolas. Tu y resteras jusqu'au matin, et moi je pousserai jusqu'au régiment, je m'informerai pour savoir où est la batterie, et je viendrai demain matin te chercher.

— J'aimerais mieux t'accompagner aux bastions, dit Volodia... Il faut s'y habituer.

— J'aime mieux que tu n'y ailles pas !

— Je t'en prie, Micha, laisse-moi t'accompagner. Ainsi, au moins, je verrai comment cela se passe.

— Mon conseil est de rester, mais si tu y tiens beaucoup...

Le ciel était pur et sombre : les étoiles et les feux des bombes et de la fusillade qui jaillissaient sans cesse dans l'air étincelaient d'un plus vif éclat dans l'obscurité ; de seconde en seconde plusieurs coups de fusil et des explosions de bombes, se succédant avec rapidité ou détonant ensemble, ébranlaient l'air d'une vibration plus intense. A côté de ce fracas, comme pour le seconder, on entendait le grondement maussade de la mer, d'où s'élevait une brise fraîche.

Les deux frères s'approchèrent du pont de bateaux.

Un milicien les interpella aussitôt.

— Qui va là ?

— Un soldat.

— J'ai l'ordre de ne laisser passer personne.

— Comment donc ! Il faut que nous passions.

— Adressez-vous à l'officier.

Le gradé qui sommeillait, assis sur une ancre, donna l'ordre de les laisser passer.

— Il est permis d'entrer, mais pas de ressortir.

Les deux frères franchirent le premier ponton et firent une pause sur le second que l'eau inondait par places. En avant, au-dessus de Sébastopol, planaient toujours les mêmes feux, et le terrible fracas des projectiles devenait plus assourdissant.

Une vague arriva de la mer, déferla sur le côté droit du pont et mouilla les pieds de Volodia.

Tout à coup, un feu suivi d'un grand bruit éclaira le pont devant eux, et ils virent un char qui passait et un cavalier pendant que les éclats de l'obus, tombant dans la mer, soulevaient des jets d'eau tumultueux.

— Ah ! Mikhaïl Semienovitch, dit le cavalier en arrêtant son cheval devant Koseltzèv... Vous êtes tout à fait remis

— Comme vous voyez !... Où le bon Dieu vous envoie-t-il ?

— A la Severnaïa, pour prendre des cartouches. Nous nous attendons d'heure en heure à un assaut...

— Et où est Maltzov ?

— Hier un obus lui a emporté la jambe et cela dans la ville, pendant qu'il dormait dans son lit.

— Et notre régiment est au cinquième bastion, n'est-ce pas ?

— Oui... mais vous ferez bien d'entrer à l'ambulance, vous y trouverez des nôtres qui vous conduiront.

— Et mon logement à la Morskaïa, est-il encore debout ?...

— Eh ! petit père, il y a longtemps que les obus l'ont détruit de fond en comble. Vous ne reconnaîtrez pas Sébastopol. Il n'y a plus une seule femme, ni traktir, ni musique. Hier le dernier café s'est fermé. C'est horriblement triste. Adieu !

Et l'officier partit au trot.

Volodia fut tout à coup saisi de crainte; il lui semblait sans cesse qu'un obus allait survenir, et que ses éclats lui briseraient le crâne.

Cette obscurité humide, ce vacarme assourdissant et surtout le grondement incessant des vagues semblaient l'engager à ne pas aller plus loin et l'avertissaient que rien de bon ne l'attendait plus loin, que jamais plus il ne reviendrait de ce côté du pont, et qu'il ferait mieux de retourner sur le champ et de s'enfuir le plus loin possible de ce royaume terrifiant de la mort :

« Il est peut-être trop tard, peut-être ma destinée est-elle déjà décidée. »

Il frissonna légèrement, un peu à cause de l'eau froide qui lui mouillait les pieds.

Volodia poussa un soupir profond et s'éloigna de son frère.

— Seigneur, serai-je tué? Est-ce moi qui dois mourir? Seigneur, préserve-moi! murmura-t-il à voix basse en se signant.

— Eh bien! avançons, Volodia! lui dit son frère. As-tu vu cette bombe ?

Ils rencontrèrent sur le pont des chars avec des blessés, des gabions et même un char portant un mobilier et conduit par une femme.

Lorsqu'ils arrivèrent enfin à la batterie, ils apprirent que celle dont Volodia faisait partie se trouvait à la Korabelnaïa. Ils décidèrent d'aller malgré le danger passer la nuit chez Koseltzer aîné, au cinquième bastion, et de se rendre de là le lendemain à la batterie.

Ils entrèrent dans un couloir et, marchant sur les pieds des soldats endormis, couchés tout le long du mur de la batterie, ils arrivèrent enfin à l'ambulance.

X

Dans la première salle remplie de lits de camp occupés par des blessés et pénétrée de l'horrible et lourde odeur d'hôpital, ils virent deux sœurs de charité qui venaient au-devant d'eux.

L'une, âgée d'environ cinquante ans, aux yeux noirs et l'air rigide, portait de la charpie et des bandages en donnant des ordres à un jeune aide-chirurgien qui la suivait. L'autre, une très jolie jeune fille d'une vingtaine d'années, au minois pâle et blond, agréable à voir avec son air effaré sous son bonnet blanc, les mains dans les poches de son tablier, marchait derrière son aînée et semblait craindre de la perdre.

Koseltzev s'approcha des deux femmes et leur demanda, si elles savaient où se trouvait Maltzov qui avait eu une jambe emportée la veille par un obus.

— Il vous est parent? demanda l'aînée des sœurs.

— Non, c'est mon camarade.

— Vous savez de quoi il s'agit; conduisez ces messieurs, dit-elle à la jeune sœur.

Elle-même s'approcha d'un blessé avec l'aide-chirurgien.

— Volodia, viens donc! Qu'est-ce que tu regardes? demanda Koseltzev à son frère qui, les sourcils levés et une expression de compassion sur le visage, ne pouvait s'arracher de la contemplation des blessés.

— Viens, viens vite! répéta l'aîné.

Volodia se mit en marche sans cesser de regarder autour de lui.

— Ah! mon Dieu! Ah! mon Dieu! répétait-il incessamment.

— Il n'y a sans doute pas longtemps qu'il est ici? dit la jeune sœur à Koseltzev, en indiquant Volodia qui les suivait en soupirant et avec des exclamations de pitié.

— Il arrive seulement.

La jolie sœur regarda Volodia et subitement fondit en larmes,

— Mon Dieu, mon Dieu ! quand est-ce que cette guerre finira? dit-elle d'une voix désespérée.

Ils entrèrent dans la salle des officiers.

Maltzov était couché sur le dos, ses bras musclés, nus jusqu'aux coudes, repliés derrière sa tête ; l'expression du visage était celle d'un bomme qui serre les dents pour ne pas crier de douleur. Sa jambe valide, couverte d'un bas, sortait de dessous la couverture et l'on voyait ses doigts remuer convulsivement.

— Eh bien! comment allez-vous? demanda la sœur, soulevant de ses doigts fins la tête un peu chauve du blessé et arrangeant ses coussins.

Volodia remarqua que la sœur portait au doigt une bague d'or.

— Voici des camarades qui viennent voir comment vous allez? dit-elle à Maltzov.

— Il va sans dire que je vais mal, répondit le blessé avec colère... Laissez-moi! je suis mieux ainsi !

Et ses doigts de pied remuèrent d'un mouvement encore plus fébrile.

— Bonjour! Comment vous appelez-vous! Pardon, ajouta-t-il en s'adressant aux deux frères.

Koseltzev se nomma.

—Sans doute, sans doute... Pardonnez-moi... on oublie tout quand on est dans mon état... Nous avons partagé la même chambre? ajouta-t-il, sans exprimer la moindre satisfaction et en regardant interrogativement Volodia.

— C'est mon frère qui arrive de Saint-Pétersbourg.

— Il arrive... et moi, j'ai fait mon temps, dit le malade avec une contraction de traits. Aïe, aïe... que j'ai mal... J'aimerais mieux mourir du coup...

Il releva la jambe valide, agita encore plus vivement les doigts et cacha son visage dans sa main.

— Il vaut mieux le laisser, dit à voix basse la sœur, les larmes aux yeux. Il est très mal.

Les deux frères avaient décidé à Severnaïa qu'ils iraient ensemble au cinquième bastion. Mais en sortant de la batterie, comme s'ils se fussent donné le mot de ne pas s'exposer inutilement, ils allèrent chacun de son côté.

— Mais comment trouveras-tu ta route, Volodia? demanda l'aîné. Il est vrai que Nicolaïev te montrera le chemin de la Korabelnaïa; moi, j'irai seul, et demain je passerai chez toi.

Ce fut tout ce que les deux frères se dirent en se séparant.

XI

Le tonnerre du canon se déchaînait avec la même rage, mais la rue Catherine, que suivait Volodia avec Nicolaïev marchant silencieusement derrière lui, était déserte et calme.

Dans l'obscurité il ne voyait que la rue large, avec les murs blancs de ses grandes maisons, détruites par places, et le trottoir dallé qu'il foulait sous ses pieds.

De loin en loin il croisait un soldat ou un officier.

Il entendait clairement ses propres pas et ceux de Nicolaïev qui respirait lourdement.

Il ne pensait à rien : la jolie sœur, la jambe de Maltzov avec les doigts qui remuaient dans le bas, l'obscurité, les bombes, diverses images de mort hantaient vaguement son imagination.

Toute son âme jeune et impressionnable se contractait et gémissait sous l'impression de son isolement et de l'indifférence générale à son sort si menacé.

« Je serai tué, je souffrirai, et personne ne versera une larme... »

Et lui qui avait rêvé une vie héroïque pleine de sacrifices!

Les bombes éclataient et sifflaient de plus près. Nicolaïev soupirait plus profondément et toujours sans parler.

En passant le pont il aperçut un objet qui siffla, tomba non loin dans la baie, éclaira pour un instant d'une lueur rouge les vagues mauves, puis disparut et revint à la surface avec le bouillonnement de l'eau.

— Elle ne s'est pas noyée! dit Nicolaïev d'une voix rauque.

— Oui, répondit Volodia involontairement et d'une voix aiguë qui le surprit lui-même.

Ils rencontrèrent des civières portant des blessés et de nouveau des chariots avec des gabions; puis un régiment passa, des cavaliers au trot. L'un d'eux, ayant aperçu Volodia, tira la bride de son cheval, examina l'adolescent, se détourna et partit en donnant un coup de fouet à sa monture.

« Seul, seul, pensa Volodia. Il est indifférent à tous ces gens si j'existe ou non. » Et il fut pris d'une irrésistible envie de pleurer.

A l'horizon noir les éclairs se succédaient sans intermittences, et les bombes sifflaient et éclataient sans trêve.

Tout à coup, Nicolaïev commença à parler d'une voix contenue et craintive :

— Le barine s'est trop hâté d'arriver. Et pour aller où ?

— Et puisque mon frère est tout à fait rétabli maintenant, dit Volodia.

Il espérait pouvoir dissiper par la conversation le sentiment pénible qui l'oppressait.

— Rétabli ? Comment rétabli, puisqu'il est au plus mal ? reprit Nicolaïev. D'ailleurs ceux qui sont tout à fait bien feraient mieux par des temps pareils de rester aussi à l'hôpital. Que peut-on espérer ici, si ce n'est de perdre une jambe ou un bras ? Ici, nous ne sommes pas au bastion, et pourtant que d'horreurs nous environnent... Je marche, et je dis toutes les prières que je sais. Voyez la canaille, comme elle siffle autour de nous... Votre frère m'a dit d'accompagner Votre

Noblesse. Notre devoir est d'obéir, mais j'ai laissé le char et les paquets à un soldat que je ne connais pas. Et pour tout ce qui manque, c'est Nicolaïev qui doit répondre.

Après avoir fait quelques pas encore, ils débouchèrent sur une place publique.

Nicolaïev se taisait et soupirait

— Voici votre artillerie ! dit-il tout à coup... demandez à la sentinelle qui vous indiquera le chemin.

Volodia avança de quelques pas et n'entendit plus les soupirs de Nicolaïev.

Cette fois il se sentit décidément abandonné de tous. Et la conscience de son isolement, au sein du danger qui précédait la mort, tomba sur son cœur comme une pierre froide et lourde.

Il s'arrêta au milieu de la place, regarda autour de lui pour s'assurer que personne ne le voyait, puis se prit la tête entre les deux mains et s'écria avec terreur :

— Mon dieu, mon Dieu ! est-ce que je suis un lâche, un vil, un abominable lâche ? C'est comme ça que je me comporte pour la patrie et pour le Tsar, pour lequel je rêvais il n'y a pas longtemps de mourir avec joie ? Non, je suis une misérable créature.

Volodia, dans un véritable accès de désespoir et de sincère désillusion, demanda à la sentinelle de lui indiquer la maison du commandant de la batterie et se dirigea au lieu indiqué !

XII

L'habitation du commandant était une petite maison à deux étages dans laquelle on entrait par la cour. D'une des fenêtres recouverte de papier filtrait la lumière faible d'une bougie.

Le brosseur du commandant, assis sur le perron, fumait une pipe.

Il alla aussitôt annoncer l'arrivée du jeune cadet et peu après revint, pour l'introduire auprès de son maître.

Dans une chambre, entre les deux fenêtres, sous une glace brisée, se trouvait une table surchargée de paperasses, plusieurs chaises, un lit de fer recouvert de draps frais et une descente placée devant. Près de la porte se tenait un homme de belle prestance à longues moustaches, le sergent-major, avec le briquet et le manteau sur lequel retombaient la croix et la médaille de la campagne de Hongrie.

Un capitaine en second arpentait la chambre; il avait la joue enflée et embandée et portait un vieux manteau élimé.

— J'ai l'honneur de me présenter : l'enseigne Koseltzev second, désigné pour la cinquième batterie, dit Volodia répétant la phrase apprise par cœur.

Le commandant de la batterie répondit sèchement à son salut et, sans lui tendre la main, l'invita à s'asseoir.

Volodia se laissa timidement choir sur une chaise à côté de la table et commença à jouer avec des ciseaux qu'il trouva dessus.

Le commandant, les mains derrière le dos, la tête inclinée, se remit à arpenter la chambre avec l'air absorbé d'un homme qui se remémore quelque chose, tout en regardant de temps en temps les mains du jeune homme qui faisaient tournoyer les ciseaux. Subitement il fit une pause devant le sergent-major et s'entretint avec lui des chevaux de la batterie. Ensuite il recommenca sa promenade dans la chambre. Enfin, tout à coup, il fit une seconde pause devant Volodia :

— Mais ou sont vos effets ? lui demanda-t-il ?

Le pauvre garçon était tellement obsédé par la pensée qu'il était un lâche, que dans chaque regard, chaque parole qu'on lui adressait, il voyait une marque de mépris.

« Le commandant de la batterie, se disait-il, avait sans doute déjà pénétré le secret de sa honte et se moquait de lui. »

Volodia, tout confus, répondit que ses effets étaient restés à la Grafskaia, et que son frère avait promis de les lui envoyer le lendemain.

Sans écouter sa réponse, le lieutenant colonel s'adressa au sergent-major.

— Où coucherons-nous l'enseigne ?

— L'enseigne ? demanda le sergent-major en jetant un regard sur Volodia, qui vit dans ce coup d'œil une nouvelle marque de dédain... Mais nous placerons Sa Noblesse en bas, chez le capitaine en second qui est aux bastions... son lit de camp est disponible.

— Eh bien ! en attendant, voulez-vous y aller ? dit le lieutenant-colonel à Volodia ; vous êtes sans doute fatigué... Demain nous vous accommoderons mieux.

Volodia se leva et salua. Lorsqu'il fut déjà près de la porte, le commandant lui cria :

— Vous prendriez peut-être volontiers du thé... Nous vous allumerons un samovar.

Volodia s'inclina et sortit. Le brosseur du lieutenant-colonel le conduisit au rez-de-chaussée et le fit entrer dans une chambre vide de meubles, encombrée de toutes sortes d'objets disparates et offrant un seul lit de fer sans draps et sans couvertures. Un homme en chemise rose, enveloppé dans son manteau de gros drap, y était étendu.

Volodia le prit pour un soldat.

— Piotr Nicolaïtch, dit le brosseur prenant le dormeur par l'épaule... C'est l'enseigne qui va dormir ici.

— C'est notre junker, ajouta-t-il en s'adressant à Volodia.

— Je vous en prie, ne vous dérangez pas, dit Volodia.

Mais le junker, un jeune homme de haute taille, corpulent, avec des traits réguliers, une physionomie stupide, se leva du lit, rejeta son manteau et, évidemment encore tout endormi, sortit de la chambre.

— Cela ne fait rien, cela ne fait rien, dit-il, je dormirai dans la cour.

XIII

Lorsqu'il se trouva seul avec ses pensées, le premier sentiment qui s'empara de Volodia fut la crainte devant l'état confus et desolé dans lequel se trouvait son âme.

Il aurait voulu s'endormir pour oublier le monde entier et surtout lui-même.

Il éteignit la bougie, s'étendit sur le lit et enfouit sa tête dans sa capote pour se délivrer de la crainte de l'obscurité qui l'obsédait depuis son enfance. Mais tout à coup, il pensa qu'une bombe ou un obus allait tomber, traverser le toit et l'écraser

Il tendit l'oreille au-dessus de sa tête ; le commandant de la batterie arpentait toujours la chambre.

— Si même la bombe nous atteint, elle tuera d'abord ceux qui sont en haut et après seulement pénétrera chez moi. Au moins, je ne serai pas seul frappé.

Cette pensée le rassura un peu... Il commençait à s'assoupir.

— Et si tout à coup les Français prennent Sébastopol et font cette nuit même irruption dans ma chambre ? Avec quelle arme me défendrai-je.

Il se leva et marcha dans la chambre. La peur du danger réel supprima la crainte mystérieuse de l'obscurité.

Il n'y avait dans l'appartement, en fait d'objets solides, que le samovar et une selle de cheval.

— Je suis un vaurien, un lâche, un vilain lâche !

Et de nouveau ce sentiment de dégoût et de mépris de soi-même, qu'il avait déjà ressenti, le prit. Il s'allongea pour la seconde fois sur sa couche et s'efforça de ne point penser.

Les impressions de la journée renaissaient sans qu'il le voulût dans son imagination. Le bruit de la canonnade faisait trembler les vitres de l'unique fenêtre de sa chambre et lui rappelait sans cesse le danger.

Il voyait des blessés, du sang, des obus, des éclats qui pénétraient dans sa chambre, la jolie sœur qui le pansait, déjà mourant, et pleurait sur lui, sa mère qui l'accompagnait et qui à ce moment avec de chaudes larmes priait devant l'icône miraculeuse.

Mais le sommeil le fuyait.

Tout à coup la pensée du Dieu tout-puissant, qui peut tout faire et qui entend chaque prière, lui vint à l'esprit.

Il se mit à genoux, se signa et joignit les mains, comme on le lui avait appris tout enfant, lorsqu'il disait sa prière.

Ce geste éveilla soudainement en lui un sentiment, depuis longtemps oublié et plein de sérénité.

— S'il faut mourir, s'il faut que je n'existe pas, que ta volonté s'accomplisse, Seigneur! Qu'elle s'accomplisse le plus vite possible. Mais s'il faut du courage, s'il faut la fermeté qui me manque, donne-les-moi! Epargne-moi la honte que je ne saurais supporter et enseigne-moi ce que je dois faire pour accomplir ta Volonté.

L'âme enfantine, terrifiée, bornée, subitement devint ferme, éclairée et aperçut des horizons larges et lumineux.

Il réfléchit et vécut avec intensité pendant le court moment que ce sentiment dura. Il s'endormit bientôt, calme, insouciant, malgré le tonnerre de la canonnade et la vibration des vitres.

XIV

Koseltzev l'aîné, ayant rencontré dans la rue un soldat de son régiment, alla avec lui droit au cinquième bastion.

— Longez le mur, votre noblesse, disait le soldat.

— Et pourquoi?

— C'est dangereux, votre noblesse... voilà qu'elles volent sur nos têtes, dit le soldat en écoutant le sifflement de l'obus qui battait déjà la terre sèche de l'autre côté de la rue.

Koseltzev ne l'écouta pas et marcha bravement au milieu de la voie.

C'étaient toujours les mêmes voix, les mêmes feux, les mêmes explosions, les mêmes gémissements, les mêmes blessés, les mêmes batteries, remparts et tranchées qu'il avait vus au printemps à Sébastopol. Mais tout cela était maintenant plus triste et plus énergique à la fois. Dans les maisons beaucoup plus de brèches, nulle part des lumières, si ce n'est à l'hôpital. Plus de femmes dans les rues et sur toutes choses, au lieu du train habituel et de l'insouciance, planaient et s'abattaient l'attente, la fatigue et l'effort. Koseltzev eut bientôt atteint le troisième bataillon dans l'obscurité, serré près du mur, parfois éclairé furtivement par la fusillade et manifestant sa présence par des échanges de paroles à voix basse et le cliquetis des armes.

— Où est le commandant du régiment ? demanda Koseltzev.

— Au blindage, chez les marins, votre noblesse, répondit un soldat qui avait reconnu son ancien chef de bataillon. Si vous voulez, je vous y conduirai.

Lorsqu'ils y arrivèrent par des tranchées, un matelot alla en avant pour l'annoncer.

Deux voix discutaient derrière la porte.

— Si la Prusse continue à conserver la neutralité, l'Autriche...

— A quoi bon me parler de l'Autriche ? interrompit l'autre... puisque les pays slaves...

Il n'acheva pas non plus et donna l'ordre au matelot de faire entrer Koseltzev.

Il venait pour la première fois à ce blindage et fut frappé par son élégance. Le plancher était parqueté et devant les portes il y avait des paravents.

Deux lits étaient adossés au mur ; dans le coin, en une châsse d'or, se trouvait une grande icône de la Vierge devant laquelle brûlait une lampe rose.

Un marin dormait tout habillé sur un des lits, tandis que sur l'autre, devant une table sur laquelle se trouvaient deux bouteilles de vin entamées, était assis le nouveau commandant du régiment et son adjudant. Bien que Koseltzev fût loin d'être poltron, et qu'il n'eût rien à se reprocher, il se sentit intimidé en présence de ce nouveau colonel, qui la veille encore était son camarade, si hautaine fut sa mine quand il se leva pour l'écouter.

« Que c'est étrange, pensa Koseltzev en regardant son commandant. Il y a sept semaines à peine qu'il est à la tête du régiment et déjà dans tout ce qui l'entoure, ses habits, son manteau, son regard, on sent le pouvoir du chef.

» Y a-t-il longtemps, continua-t-il, que ce Batrichev faisait la noce avec nous, portait pendant des semaines une blouse de coton, et mangeait toujours les sempiternelles côtelettes russes sans inviter personne à partager son menu ? Et maintenant l'expression froidement orgueilleuse de tes yeux dit : « bien que je sois ton camarade, car je suis un commandant de la nouvelle école ; crois-moi, je sais de reste que tu donnerais la moitié de ta vie pour être à ma place. »

— Vous vous êtes soigné longtemps, dit sèchement le colonel à Koseltzev.

— J'ai été malade, colonel. Ma blessure n'est pas encore fermée aujourd'hui.

— Dans ce cas vous avez eu tort de revenir Pourrez-vous malgré votre blessure faire votre service?

— Certainement, je le pense.

— J'en suis bien aise... dans ce cas allez prendre la neuvième compagnie à l'enseigne Zaïtzev, celle que vous aviez autrefois, et vous recevrez bientôt un ordre.

— J'obéis.

— Tâchez de m'envoyer l'adjudant quand vous partirez, ajouta le colonel avec un léger salut, faisant comprendre ainsi que l'audience était close.

Lorsqu'il sortit du blindage, Koseltzev murmura à plusieurs reprises des paroles indistinctes et leva les épaules, comme si quelque chose l'avait blessé ou le mécontentait.

Pourtant l'on ne peut pas dire qu'il fût irrité contre son chef, il n'y avait pas de quoi l'être ; mais il était fâché contre lui-même et tout ce qui l'entourait.

XV

Avant de se rendre auprès de ses camarades, les officiers, Koseltzev tint à voir les hommes de sa compagnie.

Les remparts des gabions, les formes des tranchées, les canons devant lesquels il passait et même les obus et les éclats contre lesquels il se heurtait, tous ces objets sans cesse éclairés par le feu des fusillades lui étaient bien connus. Ils s'étaient gravés profondément dans sa mémoire, lorsque, trois mois auparavant, il était resté deux semaines consécutives dans ce même bastion, sans en sortir.

Bien que ses souvenirs fussent peuplés d'images terrifiantes, il s'y mêlait le charme indéfinissable du passé, et Koseltzev reconnaissait avec plaisir les endroits et les objets connus, comme si les deux semaines qu'il y avait vécu eussent été agréablement passées. La compagnie était alignée le long du mur défensif, du côté du sixième bastion. Dans le blindage où pénétra Koseltzev il n'était littéralement pas possible de poser les pieds, tant il était plein de soldats.

Dans un coin, il aperçut la clarté d'une chandelle qu'un soldat couché tenait dans sa main, pour éclairer un livre qu'un camarade lisait, en épelant les mots. Autour de la chandelle, dans la demi-obscurité et l'air vicié du blindage, on apercevait des têtes relevées qui écoutaient attentivement la lecture.

Ce livre était un alphabet.

A son entrée Koseltzev surprit la lecture de ces mots :

« Pri-è-re a-près la classe. »

« Je te re-mer-cie Cré-a-teur... »

— Mouchez la chandelle ! cria une voix, ce livre est si intéressant !

« No-tre Sei-gneur..., » continua le lecteur.

Mais il s'arrêta, lorsque Koseltzev demanda le sergent-major.

Les soldats se remuèrent, toussèrent, se mouchèrent, comme il arrive toujours après un moment de retenue, et le sergent-major, boutonnant son uniforme, sortit du groupe qui entourait le lecteur et, marchant sur les pieds qu'il trouvait sur son chemin, vint vers l'officier qui le demandait.

— Bonjour, frère! Est-ce que tous ces hommes font partie de notre compagnie ?

— Je vous souhaite la santé et un bon retour, votre noblesse, dit le sergent en regardant avec amitié et gaieté Koseltzev... Etes-vous bien rétabli?... Nous commencions déjà à nous ennuyer de vous.

Il était évident que Koseltzev était aimé de sa compagnie.

Au fond du blindage des voix retentirent aussitôt :

— Notre ancien capitaine est revenu. Koseltzev! Mikhaïl Simonitch... celui qui a été blessé.

Quelques soldats même s'approchèrent de lui, et le tambour lui dit bonjour.

— Bonjour, bonjour, répondit Koseltzev. Tu ris, tu es sauf... Bonjour, mes enfants !

— Nous vous souhaitons la santé, votre noblesse, crièrent en chœur les soldats.

— Comment ça va, mes enfants?

— Mal, votre noblesse! Le Français nous tracasse... Il ne fait que bombarder et ne descend jamais sur le champ.

— Peut-être il y descendra pour mon bonheur, mes enfants, dit Koseltzev, ce ne sera pas la première fois que je marcherai avec vous ; nous les battrons de nouveau.

— Nous ferons de notre mieux, votre noblesse, dirent plusieurs voix.

En quittant ses soldats, Koseltzev entra dans la caserne auprès de ses camarades.

XVI

Là aussi la salle regorgeait de monde : des officiers de marine, d'artillerie et d'infanterie...

Les uns dormaient, les autres assis sur l'affût causaient entre eux, et enfin un groupe, le plus important et le plus bruyant, était assis sur deux manteaux étendus sur le plancher, buvant du porter et jouant aux cartes.

— Koseltzev, Koseltzev ! tu fais bien de revenir. Et ta blessure ?

De tous côtés on l'interpellait : il était évident qu'ici aussi on l'aimait et qu'on était heureux de le revoir.

Koseltzev serra la main à plusieurs amis puis se joignit au groupe d'officiers qui jouaient aux cartes.

L'un deux, jeune, beau et nerveux, au long nez sec, avec des moustaches interminables qui semblaient prolonger les joues, tenait la banque et distribuait les cartes de ses longs doigts blancs secs, ornés à l'index d'un anneau d'or portant ses armoiries. Il jetait les cartes devant lui sans précision, visiblement mécontent, mais désireux de ne paraître que négligent. Près de lui, à sa droite, était accoudé un vieux commandant ; il pontait cinquante copecks avec une affectation de sang-froid et réglait ses comptes chaque fois qu'il perdait.

A gauche de l'officier brun, était accroupi un gradé, aux joues toutes rouges, qui s'efforçait de sourire et de plaisanter. Lorsque ses cartes étaient battues, il fouillait d'une main dans les poches vides de son large pantalon.

Il jouait gros jeu mais évidemment à crédit, ce qui inquiétait le bel officier brun.

Un autre officier maigre et pâle, chauve, arpentait la chambre en tenant dans sa main un grand paquet d'assignats et jouait « va banque » au comptant, et gagnait à chaque coup.

Koseltzev prit un verre d'eau-de-vie et s'assit à côté des joueurs.

— Pontez un peu, Mikhail Semionovitch, lui

dit le banquier du jeu : je suis certain que vous avez apporté de l'argent à revendre.

— Où l'aurais-je pris? Au contraire, j'ai dépensé en ville mon dernier rouble.

— Allez, allez, vous avez sans doute décavé quelqu'un à Simphéropol.

— A peine, je vous assure.

Puis, désireux de n'être pas cru, il déboutonna son col et prit sur la table de vieilles cartes.

— Je veux tenter le sort! dit-il. Seulement, il faut boire pour se donner du courage.

Il prit encore un petit verre d'eau-de-vie et plusieurs verres de porter et perdit ses derniers trois roubles.

Le petit officier aux joues rouges était déjà endetté de cent cinquante roubles.

— Non, je n'ai pas de veine, dit-il, en préparant négligemment une nouvelle carte.

— Ayez la bonté de régler vos comptes, lui dit le banquier, en suspendant pour un moment la distribution des cartes.

— Vous me permettrez de régler demain, dit l'officier en se levant et en fouillant fiévreusement dans ses poches vides.

— Hum! grommela le banquier en distribuant avec colère les cartes à droite et à gauche.

— Cependant cela ne peut pas continuer ainsi, ajouta-t-il en posant les cartes sur la table. Je suspends le jeu. Nous avons joué au comptant, monsieur, et non pas à la craie.

— Mais quoi, vous n'avez pas confiance en moi ?... C'est vraiment étrange !

— Et qui nous paiera ? demanda le commandant qui avait gagné huit roubles environ... J'ai perdu vingt roubles et mon gain ne me serait pas payé ?

— Où prendrais-je de l'argent pour payer ? dit le banquier, puisqu'il n'y en a pas sur la table.

— Cela ne me regarde pas ! dit le commandant en se levant, j'ai joué avec vous et non pas avec ce monsieur !

L'officier aux joues rouges se fâcha.

— J'ai dit que je paierai demain ? de quel droit me dites-vous des impertinences ?

— Je dis ce qu'il me plaît de dire... On n'agit pas ainsi ! Voilà ! cria le commandant.

Tous les assistants s'efforcèrent de calmer le commandant.

— Assez, assez, dirent-ils.....

XVII

Le lendemain le bombardement continua avec la même force.

A onze heures du matin Volodia se trouvait dans le cercle étroit des officiers de batterie. Il s'était déjà un peu habitué à eux et regardait ces visages nouveaux, les observait, questionnait et racontait.

La conversation modeste, avec quelques prétentions à la science des officiers d'artillerie, lui plaisait et lui inspirait du respect. D'autre part, l'extérieur sympathique et innocent de Volodia prédisposait en sa faveur les officiers.

Le junker Vlangue, qu'il avait dérangé la veille dans son sommeil, était présent. Il ne parlait pas, mais, dans son coin, timidement riait, lorsqu'il se passait quelque chose de drôle, ou rappelait les choses oubliées, versait de la vodka et roulait des cigarettes pour tout le monde.

Etait-ce les manières courtoises de Volodia qui le traitait en officier, était-ce sa belle figure? Toujours est-il que Vlangue fut gagné, séduit ; il ne quittait pas des yeux, de ses grands beaux yeux le nouvel officier, devinait et prévenait tous ses désirs et en un mot vivait dans une extase amoureuse, que les autres officiers remarquèrent aussitôt et sur laquelle ils le taquinèrent.

— Eh bien ! vous êtes-vous bien installé chez nous ? demanda le capitaine en second Kraut à Volodia, lorsqu'il entra dans la chambre.

C'était un officier blond, vif, aux traits réguliers, un excellent camarade, très sûr en affaires d'argent, mais comme tous les Allemands russifiés, un homme pratique au plus haut degré.

— Avez-vous déjà acheté un cheval? continua-t-il en s'adressant à Volodia.

— Non, dit le jeune enseigne, je ne sais comment faire, je n'ai ni cheval, ni argent, et je n'en aurai, que lorsqu'on me remboursera mes frais de route. En attendant, je veux demander au commandant de la batterie qu'il mette un cheval à ma disposition, mais je crains qu'il me le refuse.

— Oh! non, il ne vous le refusera pas, dit l'officier Diadenko... •

— Il n'a aucun intérêt à vous le refuser.

— Comment, il n'a pas d'intérêt à le refuser, dit Kraut, puisque l'avoine lui coûte huit roubles..... Il a donc intérêt à ne pas avoir un cheval de plus... Voilà, quand vous serez commandant de batterie, vous ne prêterez pas un cheval, fût-ce pour aller à la ville...

— Lorsque je serai commandant de batterie, dit Diakenko, mes chevaux seront bien nourris et, croyez-m'en, je n'en tirerai pas des profits.

— Qui vivra, verra ! répondit Kraut. Vous ferez comme les autres, et quand M. Koseltzev sera commandant, il en fera autant.

— Non, pardon, capitaine, dit Volodia en rougissant jusqu'aux oreilles, je ne trouve pas cela honnête.

— Hé, hé, qu'il est rigide, ce jeune garçon !

— Je pense seulement, dit Volodia, que si l'argent n'est pas à moi, je ne dois pas le prendre.

— Et moi je vous dirai ceci, jeune homme, dit le capitaine en second ; savez-vous que lorsque vous conduirez une batterie, si vous menez bien les affaires, tout marche à souhait, mais si vous n'êtes pas bon administrateur, il ne vous restera rien. Vous devez dépenser en dehors du règlement, pour ferrer les chevaux, un (il replia un doigt), pour la pharmacie, deux (il plia un second doigt), pour la chancellerie, trois,... pour les chevaux de main... et on paie cinq cents roubles pour chacun ; en voilà quatre... Vous devez fournir les cols des uniformes des soldats et que ne dépensez-vous pas pour le charbon? Puis vous tenez la table pour les officiers... Enfin, un commandant de batterie doit vivre selon son grade : il vous faut une voiture, une pelisse, et ceci et cela.

— Et surtout, jeune homme, interrompit un officier jusque-là silencieux, représentez-vous un homme comme moi, qui a servi d'abord pour deux cents roubles par mois, puis pour trois cents. Comment ne lui donnerait-on pas dans sa vieillesse un morceau de pain avec un peu de beurre dessus?

— Eh! oui, ajouta Kraut, ne vous hâtez pas trop de juger, jeune homme, vous aurez le temps pour cela quand vous aurez vécu et servi.

Volodia eut terriblement honte d'avoir dit si

précipitamment son opinion. Il s'excusa tout confus.

Le brosseur du colonel vint inviter les officiers à dîner.

— Dites au colonel, murmura un des officiers au capitaine, de donner du vin à table aujourd'hui. Pourquoi s'en montre-t-il si chiche ? Nous serons tous tués, et puis le vin restera pour qui ?

— Dites-le-lui vous-même.

— Ah ! non, vous êtes l'officier supérieur, il faut respecter la hiérarchie en toutes choses.

XVIII

La table, recouverte d'une nappe maculée, était dressée au milieu de la salle où Volodia s'était présenté la veille au colonel. Ce jour-là, le commandant de la batterie lui tendit la main et le questionna sur Saint-Pétersbourg et sur son voyage.

— Que ceux de ces messieurs qui prennent de l'eau-de-vie aient la bonté de se servir.

— Les enseignes n'en prennent pas, ajouta-t-il en souriant.

Le commandant de la batterie paraissait ce jour-là beaucoup mieux disposé que la veille; il avait l'air d'un hôte hospitalier et bon, d'un camarade aîné au milieu de ses officiers. Malgré cela tous ses subordonnés, par leur ton, leur attitude, lorsqu'ils le regardaient poliment dans les yeux, et la manière dont ils avançaient timidement l'un après l'autre, pour prendre le verre d'eau-de-vie, lui marquaient une profonde déférence.

Le dîner se composait d'une grande assiette de *tchi*, dans lequel nageaient des morceaux gras de bœuf et une énorme quantité de poivre et de feuilles de laurier, de ragouts polonais qu'on mangeait avec de la moutarde, de petits pâtés cuits avec du beurre un peu rance.

Il n'y avait pas de serviettes, les cuillères étaient d'étain et de bois, deux verres pour toute la table et une carafe d'eau au goulot cassé ; mais le dîner n'était nullement ennuyeux, la conversation ne tarissait pas.

On parla d'abord de la bataille d'Inkermann à laquelle la batterie avait pris part ; chaque officier racontait ses impressions et expliquait à sa manière l'insuccès, mais se taisait dès que le colonel prenait la parole. Ensuite, tout naturellement, la conversation s'engagea sur le manque de calibre des pièces légères, sur les nouveaux canons, et Volodia eut l'occasion de faire valoir ses connaissances en artillerie. Mais personne ne faisait allusion à la situation critique dans laquelle Sébastopol se trouvait, comme si chacun avait trop ruminé ce sujet pour l'aborder en société.

Au grand étonnement et au regret de Volodia, il n'était pas davantage question des devoirs de son service, comme s'il était venu à Sébastopol uniquement pour parler des nouvelles et dîner chez le colonel.

Pendant le repas, un obus éclata à une faible distance de la maison. Les murs et le plancher trépidèrent comme dans un tremblement de terre et la fumée de la poudre obscurcit les vitres.

— Eh bien ! vous n'avez pas reçu de ces cadeaux-là à Saint-Pétersbourg, dit le commandant à Volodia, mais ici nous en avons souvent. Vlangue, allez voir où l'obus a éclaté, ajouta-t-il.

Le junker se leva et sortit de la salle. Il rentra peu après et expliqua que le projectile avait fait explosion à l'extrémité de la place. Et il n'en fut plus question.

Vers la fin du dîner, un vieillard, le secrétaire de la batterie, apporta trois plis cachetés et les remit au colonel.

— Ce pli est urgent, dit-il ; un cosaque vient de l'apporter de la part du chef de l'artillerie.

Tous les officiers regardaient avec une attente

impatiente les doigts experts du colonel qui brisaient les sceaux et déployaient le papier *très urgent.*

Chacune des personnes présentes se posait cette question : quel ordre allons-nous recevoir ?

L'ordre pouvait être pour la batterie de quitter Sébastopol pour aller se reposer, mais aussi toute la batterie pouvait être appelée aux bastions.

— Encore ! s'écria le colonel, en jetant avec colère le papier sur la table.

— De quoi s'agit-il, colonel ? demanda l'aîné des officiers.

— On réclame un officier avec les servants de la pièce pour une batterie de mortiers, et moi j'ai en tout quatre officiers et pas même un service complet pour la pièce, grommela le colonel avec dépit.

— Pourtant, il faut, messieurs, que quelqu'un y aille, dit-il après un court silence, l'ordre porte qu'on doit être rendu ce soir.

— Appelez le sergent-major.

— Décidez, messieurs, qui doit aller...

— Mais voilà monsieur qui n'est encore allé nulle part, dit le lieutenant Tchernovitzki, en désignant Volodia.

C'était un des officiers qui avait d'emblée déplu à Volodia. Il n'avait fait que le questionner sur ce que faisait l'empereur et le ministre de la guerre, exprimant le regret qu'il n'y eût à Sébastopol que peu de vrais patriotes ; il faisait montre de beaucoup de connaissances et de sentiments nobles, mais tout cela ne semblait pas très sincère à Volodia.

Le commandant de batterie ne releva pas la proposition du lieutenant.

— Mais je voudrais bien ! dit Volodia, tout en sentant qu'une sueur froide mordait son cou et son dos.

— Non, non, à quoi bon ! dit le capitaine.

— Sans doute, colonel, ajouta-t-il, personne ne refusera. Mais ne faut-il pas qu'on s'offre, et puisque vous nous laissez le choix, nous allons tirer au sort, comme nous avons toujours fait.

Tout le monde accepta cette proposition.

Kraut coupa plusieurs morceaux de papier et les jeta au fond de sa casquette.

Le capitaine plaisantait et profita même de l'occasion pour demander au colonel du vin, « pour se donner du courage ! »

Volodia souriait, Kraut était parfaitement

calme, et le lieutenant assurait que sans doute le sort tomberait sur lui.

Volodia tira le papier le plus large, puis réfléchit aussitôt qu'il valait mieux en choisir un plus menu. Il le déroula et lut à haute voix :

« Allez! »

— C'est à moi d'aller, dit-il en poussant un soupir.

— Puisqu'il en est ainsi, dit le colonel avec un sourire bienveillant : que Dieu vous soit clément. Vous allez recevoir le baptême du feu.

— Seulement soyez vite prêt, et, pour vous tenir compagnie, Vlangue ira avec vous, en qualité de sous-officier-artilleur.

XIX

Vlangue fut très heureux de cette décision et courut se préparer en toute hâte.

Lorsqu'il revint tout équipé, il aida Volodia à rassembler ses effets et lui conseilla d'emporter son lit de camp, sa pelisse, une vieille livraison d'une revue et d'autres objets superflus.

Le capitaine lui conseilla de relire d'abord dans le *Manuel* les pages sur les mortiers et d'en copier les tableaux.

Volodia se mit à l'ouvrage et à sa joie et à son étonnement remarqua, que les sentiments du danger et la crainte d'être lâche le tourmentaient beaucoup moins que la veille.

Cela provenait en partie de ce qu'il était occupé et surtout de ce que la peur, comme tout sentiment violent, ne peut se maintenir longtemps au même degré.

A sept heures, dès que le soleil commença à disparaître derrière la caserne Nicolas, le sergent-major entra dans la chambre de Volodia pour lui annoncer que les hommes étaient prêts et l'attendaient.

— J'ai remis la liste à Vlangue, dit-il, c'est à lui que vous la demanderez, Votre Noblesse.

Derrière la maison, vingt artilleurs étaient rangés; Volodia et le junker s'approchèrent d'eux.

— Dois-je leur débiter un petit speech, ou leur dire tout simplement : « Bonjour, mes enfants? » ou ne rien leur dire du tout, se demanda-t-il.

» Mais pourquoi ne pas leur dire tout bonnement : « Bonjour, mes enfants. » C'est même de rigueur. »

Et courageusement, de sa voix timbrée, il cria :

— Bonjour, mes enfants!

Les hommes lui répondirent avec entrain. La voix fraîche du jeune enseigne sonnait agréablement aux oreilles de chacun.

Volodia marchait vaillamment en avant, et

bien que son cœur battît, comme s'il avait couru pendant plusieurs kilomètres sans reprendre haleine, sa démarche était alerte, et son visage gai.

Lorsqu'il approcha de la butte Malakoff et se prit à gravir la colline, il remarqua que Vlangue, qui n'était pas resté en arrière et s'était montré tout le temps très courageux, baissait la tête à tout moment, comme si les bombes et les projectiles, qui sifflaient surabondamment à cette place, allaient fondre sur lui.

Plusieurs soldats en faisaient autant, et le visage de la plupart exprimait sinon la crainte, tout au moins l'inquiétude.

Cette observation finit par calmer et encourager Volodia.

— Me voici donc à Malakoff, que je me figurais mille fois plus terrible. Je marche sans m'incliner devant les boulets et j'ai même moins peur que les autres ! Je ne suis donc pas un lâche.

Ces pensées lui procurèrent beaucoup de plaisir et une véritable extase de contentement. Cette satisfaction fut vite détruite par un spectacle qu'il surprit au crépuscule à la batterie

Kornilov en allant à la recherche du chef de bastion.

Quatre matelots, tout près du rempart, tenaient par les jambes et par les bras le corps ensanglanté d'un soldat, sans bottes, ni manteau, et le balançaient pour le jeter de l'autre côté du rempart. Comme on ne réussissait pas pendant le second jour du bombardement à enlever tous les cadavres qui encombraient les bastions, on les jetait dans le fossé pour qu'ils ne gênassent pas les opérations des batteries. Volodia resta un moment stupéfait, en voyant comment le corps tournoya et se heurta contre le haut du rempart, avant de s'abattre dans le fossé. Heureusement pour lui le chef du bastion arriva et le fit conduire à la batterie et au blindage.

Grand fut son désenchantement en se voyant en présence de deux mortiers brisés, et jusqu'au matin il ne put obtenir des ouvriers pour les réparer. Par-dessus le marché pas une des charges n'avait le poids indiqué dans le *Manuel;* en outre deux soldats de son service furent blessés et lui-même se trouva plus de deux fois à deux doigts de la mort. Heureusement, on lui donna le renfort d'un chef de pièce, un marin de taille gigantesque qui était près de ces mortiers depuis le commencement du siège. Il persuada au jeune officier que les mortiers pouvaient être encore utilisés et une lanterne à la main le conduisit dans tout le bastion, comme s'il lui faisait les honneurs de son jardin. Il lui promit de tout mettre en état pour le lendemain matin.

Le blindage dans lequel il fut ensuite introduit était formé par un fossé oblong, recouvert de poutres de chêne. Vlangue, le premier, courut dedans au risque de se briser la tête contre les pierres, se blottit dans un coin et resta immobile.

Quant à Volodia, il attendit que ses soldats fussent placés le long du mur et, quand quelques uns d'entre eux eurent allumé leurs pipes, il établit son lit de camp dans un coin, alluma une chandelle et s'étendit en fumant une cigarette. Au-dessus du blindage, l'on entendait sans cesse la canonnade, mais dans le blindage même tout était calme. Parfois seulement, les soldats, encore intimidés par la présence de leur nouvel officier, échangeaient quelques paroles pour demander de la place ou du feu pour leur pipe. Un rat, de temps en temps, grattait les pierres ou le junker poussait inopinément un gros soupir. Quant à Volodia, il ressentait sur son lit de camp ce sentiment de bien-être qu'il éprouvait étant enfant, lorsqu'en jouant à colin-maillard, il se cachait dans une armoire ou derrière les jupes de sa mère et retenant son souffle, écoutait, effrayé par l'obscurité, et en même temps jouissant d'un plaisir sans mélange. De même dans le blindage, il avait un peu peur tout en se sentant tout à fait joyeux.

XX

Au bout d'une dizaine de minutes, les soldats s'enhardirent et se mirent à parler plus librement.

Près du lit où reposait Volodia s'étaient placés les hommes les plus importants : deux sous-officiers d'artillerie, dont l'un, à cheveux blancs, couvert de médailles et de croix, à l'exception de celle de Saint-Georges, — l'autre encore jeune qui fumait des cigarettes.

Le tambour, selon l'usage, prit sur lui le service de l'officier ; les bombardiers et les cavaliers venaient après, et dans l'ombre, aux abords de l'entrée, les moindres subalternes se casèrent. Ceux-ci entamèrent la conversation.

— Pourquoi n'es-tu pas resté dehors ? demanda une voix à un soldat qui pénétra avec fracas dans le blindage. Est-ce que les filles ne chantent pas juste ?

— Elles chantent des chansons, comme on n'en entend pas au village ! répondit en riant le nouveau venu.

— Oh ! non, Vassine n'aime pas les bombes.

— A quoi bon ! dit Vassine : quand il le faut c'est différent ! si l'on nous tue pour rien, même le gouvernement ne nous dira pas merci.

A ces mots, toute la compagnie éclata de rire.

— Melnikov, lui, reste toujours dehors, cependant, dit une voix.

— En effet, allez donc chercher Melnikov, dit le vieux sous-officier, car une bombe peut le tuer pour rien.

— Qu'est-ce Melnikov ? demanda Volodia.

— Mais nous avons ici, votre noblesse, un soldat un peu bête, il ne craint rien ; en ce moment il se promène sous les bombes. Regardez-le un peu, on dirait un ours.

— Il connaît une formule magique qui le rend invulnérable, dit Vassine de sa voix lente.

Melnikov entra dans le blindage.

Il était replet, chose rare parmi les soldats :

il avait les cheveux roux, un énorme front bombé et des yeux d'un bleu clair qui saillaient de l'orbite.

— Alors, tu as peur des bombes? demanda Volodia.

— Pourquoi en aurais-je peur? répondit Melnikov en se grattant la tête. La bombe ne me tuera pas, je le sais.

— Ainsi, tu aimerais rester toujours ici?

— Certainement, c'est si gai! ajouta-t-il en éclatant de rire.

— Oh! dans ce cas, il faut que tu prennes part à une sortie? Veux-tu que je le dise au général? demanda Volodia, bien qu'il ne connût aucun général.

— Je veux bien, je veux bien! dit Melnikov.

Il disparut derrière les autres soldats.

— Jouons à la bernique! Qui a les cartes? demanda-t-il peu après.

Aussitôt, dans un coin, le jeu commença et l'on entendit les coups qu'on se donnait sur le nez, des rires et des exclamations à tous les atouts.

Volodia but plusieurs verres de thé du samovar que lui avait préparé le tambour, en offrit aux sous-officiers avec lesquels il plaisanta pour se rendre populaire et fut très content de la déférence qu'on lui témoignait.

Les soldats, voyant que le barine était un brave garçon, ne se gênèrent plus pour parler à cœur ouvert. L'un assurait que le siège de Sébastopol serait bientôt levé, car il tenait d'un marin, un homme entendu, que Constantin, le frère du tsar, venait à la rescousse avec la flotte américaine et que bientôt il y aurait un armistice pour deux semaines, et malheur à qui l'enfreindrait, il verserait pour chaque coup de fusil 75 copecks !

Vassine, de son côté, raconta, d'abord au milieu du silence général et ensuite de gros éclats de rire, comment il était allé en permission chez son père, que celui-ci était content les premiers jours, mais ensuite l'avait envoyé labourer les champs, et pendant ce temps le forestier venait prendre sa femme en voiture. Ce bavardage amusait Volodia. Non seulement il ne ressentait aucune crainte, mais le manque de place dont il souffrait au blindage, ainsi que l'air vicié ne le gênaient plus, il se sentait même tout à fait à son aise et se montrait très gai. Au bout de quelque temps, plusieurs soldats ronflèrent, Vlangue aussi s'était étendu sur la terre, et le vieux sous-officier se signait et murmurait des prières avant de s'endormir.

Volodia voulut sortir du blindage pour voir ce qui se passait dans la cour.

— Rentrez vos jambes, crièrent les soldats à leurs camarades étendus. Vlangue, qui semblait dormir, releva la tête et saisit Volodia par le pan de son manteau.

— Voyons, n'y allez pas, à quoi bon ! dit-il d'un ton suppliant et ému, avec des larmes dans les yeux. Là, des obus éclatent sans discontinuer ; on est beaucoup mieux ici.

Mais malgré les prières de Vlangue, Volodia sortit du blindage et s'assit sur le seuil à côté de Melnikov.

L'air était pur et frais, la nuit claire et calme. Au milieu du fracas de la canonnade, on entendait le grincement des roues des chars amenant des gabions, et les propos des hommes qui travaillaient à la poudrière.

Le ciel étoilé s'élevait haut sur les têtes et sans cesse des raies de feu le sillonnaient ; à gauche, une petite ouverture conduisait dans un autre blindage, et l'on apercevait les jambes et le dos des matelots qui l'habitaient et l'on entendait leurs voix.

En avant s'élevait la poudrière devant laquelle défilaient des gens pliés en deux, tandis que tout en haut, au-dessus, sous les balles et les obus qui sifflaient sans cesse, se tenait un homme de haute taille en pardessus noir, les mains dans les poches et occupé à fouler avec les pieds la terre fraîche qu'on lui apportait dans des sacs.

Souvent, une bombe volait et éclatait tout près de la poudrière. Les soldats qui portaient la terre se courbaient, se rangeaient de côté mais l'homme en pardessus noir ne bougeait pas, gardait la même posture et continuait à piétiner la terre.

— Quel est cet homme ? demanda Volodia à Melnikov.

— Je ne sais pas, je vais aller voir.

— Non, ce n'est pas nécessaire, reste ici.

Mais Melnikov, sans l'écouter, alla se planter près de l'homme noir et resta aussi calme et aussi immobile que lui.

— C'est le chef de la poudrière, votre noblesse, dit-il quand il revint. Une bombe a dérangé le dessus et c'est pourquoi les fantassins apportent de la terre.

Parfois les bombes semblaient vouloir entrer

par la porte du blindage. Volodia se ployait dans un coin, puis se redressait et regardait, si une nouvelle bombe ou un nouvel obus venait. Bien que Vlangue eût à plusieurs reprises imploré Volodia de rentrer dans le blindage, il resta assis trois heures sur le seuil, prenant un plaisir extrême à tenter le destin et à regarder voler les boulets.

XXI

Le lendemain le 27 août, après avoir dormi dix heures, Volodia, tout frais et vaillant, sortit de bon matin sur le seuil du blindage.

Vlangue l'avait suivi, mais au premier sifflement des balles, il rebroussa chemin, se frayant un passage, tête baissée, au milieu des éclats de rire des soldats qui avaient aussi quitté leur abri.

Seul, Vlangue, le vieux sous-officier et quelques soldats se hasardaient rarement hors des tranchées. Les autres coururent au matin à l'air frais, loin de l'atmosphère étouffée du blindage, et bien que le bombardement fût aussi actif que la veille, ils se postèrent dehors.

Melnikov, depuis l'aube, se promenait sur les batteries en regardant avec indifférence au-dessus de lui.

Les soldats, comme le jour précédent, se confient leurs espérances. A cette époque, sous le régime de Nicolas, le service militaire durait vingt-cinq ans. Aussi les soldats se flattaient-ils que chaque mois de service à Sébastopol serait compté pour une année. Les uns acceptaient cette supposition, d'autres la discutaient.

— Je vous promets, criait un soldat, que dès que la paix sera conclue le tsar passera une revue à Varsovie, et si l'on ne vous donne pas votre retraite, au moins on nous accordera une permission illimitée.

Au même instant une balle glapissante, qui s'était accrochée au passage, vola au-dessus de la tête du groupe qui causait et s'abattit sur une pierre.

— Voici qui va te donner ta retraite définitive, dit un soldat.

Tous éclatèrent de rire. Cependant, avant le soir, deux de ces hommes reçurent leur congé définitif, et cinq furent blessés ; mais ceux qui restaient solides plaisantaient d'aussi bon cœur.

Vers le matin les deux mortiers furent réparés et à dix heures Volodia, sur l'ordre donné par le chef du bastion, partit avec ses hommes pour la batterie. Le jeune officier était dans le ravissement. La joie d'accomplir son devoir, de se sentir courageux, et de n'éprouver aucune crainte, le sentiment qu'il commandait et la présence de ces vingt hommes qui le regardaient, il le savait, avec curiosité, faisaient de lui un brave. Il se plaisait même à faire parade de sa bravoure, sortait sur la banquette et ouvrait son manteau sur sa poitrine pour qu'on le vît mieux.

Le chef du bastion, qui en ce moment « faisait le tour de sa propriété, » selon son expression, bien qu'il se fût habitué pendant ses huit mois de service à voir des actes de courage de toutes sortes, ne put s'empêcher d'admirer ce bel adolescent, avec son manteau dégrafé sous lequel on voyait la chemise rouge, encadrant un cou blanc et délicat. Le visage du jeune homme était en feu, et ses yeux étincelaient, tandis qu'il battait des mains et commandait de sa voix vibrante : « Première, seconde ! »

Il montait aussitôt sur le parapet pour voir où tombait sa bombe.

A onze heures et demie la canonnade cessa des deux côtés, et à midi précis commença l'assaut des deuxième, troisième et cinquième bastions de Malakov.

XXII

Du côté de la baie, entre Inkermann et les fortifications de la Severnaïa, vers midi, deux marins se tenaient debout : l'un regardait Sébastopol à travers sa longue vue, l'autre, avec son cosaque, venait d'arriver au télégraphe aérien.

Le soleil brillait haut et clair, au-dessus de la baie, inondée de lumière chaude et gaie, avec ses vaisseaux, ses voiles et ses canots.

Une brise légère remuait à peine les feuilles des chênes qui se desséchaient, enflait les voiles des barques et ridait les flots.

Sébastopol, toujours le même avec son église inachevée, ses quais, son boulevard vert sur la colline, et l'élégant édifice de la bibliothèque, ses petites anses azurées, hérissées de mâts, les arches pittoresques de ses aqueducs et les nuages de la fumée bleue illuminée ça et là par les flammes rouges de la fusillade, Sébastopol toujours en fête et beau, Sébastopol toujours fier, entouré d'un côté de montagnes jaunes fumantes et de l'autre de la mer bleu-clair qui rayonnait au soleil, s'étalait de l'autre côté de la baie.

A l'horizon de la mer où serpentait le panache noir d'un bateau, rampaient de longs et blancs nuages précurseurs du vent.

Tout le long de la ligne des fortifications, surtout sur les montagnes de la rive gauche, des tourbillons d'épaisse fumée blanche renaissaient sans cesse, avec des éclairs qui brillaient même à la clarté de midi, puis grandissaient, revêtaient différentes formes, montaient et s'assombrissaient dans les airs ; les fumées naissaient sur les collines, sur les batteries de l'ennemi, dans la ville et planaient très haut dens l'atmosphère.

Le bruit des explosions ne discontinuait pas, et se répercutant ébranlait l'air.

Vers midi les fumées apparurent à de plus longs intervalles et il y eut moins de détonations.

— C'est étonnant, le second bastion ne répond plus, dit l'officier de hussards à cheval.

— Il est entièrement détruit ajouta-t-il quelques instants plus tard. C'est horrible !

— Mais Malakov répond aussi faiblement, dit l'autre... ce silence m'enrage.

— Je t'ai dit que vers midi ils suspendent toujours le bombardement. Il en est ainsi aujourd'hui..... Allons déjeuner.... On nous attend..... Pose ta longue-vue.

— Attends ! ne me dérange pas, répondit celui qui regardait Sébastopol à travers le télescope avec une anxiété manifeste.

— Que vois-tu là ?

— Des mouvement dans les tranchées..... d'épaisses colones avancent.

— Mais cela se voit à l'œil nu, répondit le marin. Ils marchent en colonne!..... Je vais donner le signal.

— Regarde, regarde, ils sont sortis des tranchées.

En effet, on voyait distinctement à l'œil nu des taches sombres se détacher des montagnes, traverser le ravin et se diriger du côté des batteries françaises vers les bastions russes. D'ailleurs, des bandes noires se voyaient déjà devant ces taches, tout près de la ligne russe.

Dans les bastions, sur différents points éclataient les fumées blanches de la canonnade, et les bandes noires se mouvaient dans le brouillard, se rapprochant de plus en plus.

Le grondement du canon, augmentant sans cesse, se fondit dans un roulement continu de tonnerre.

La fumée, s'éleva, se répandit rapidement sur toute la ligne et forma bientôt un seul nuage lilacé qui serpentait, se dilatait, et dans lequel ici et là perçaient avec peine des feux et des points noirs.

— Ils marchent à l'assaut, dit l'officier, le visage très pâle et en rendant la longue-vue au marin.

Sur la route des cosaques passèrent au galop, puis des officiers à cheval, et ensuite le commandant en chef en voiture, entouré de sa suite.

Chaque visage exprimait l'émotion d'une terrible attente.

— Est-il possible qu'ils aient pris Sébastopol ! cria l'officier à cheval.

— Mais voici le drapeau français sur Malakov ! dit l'autre d'une voix étranglée.

— Non, non, ce n'est pas possible !...

XXIII

Koseltzev l'aîné, qui pendant la nuit avait réussi à regagner ce qu'il avait perdu pour le reperdre aussitôt, jusqu'aux deux pièces d'or qu'il tenait cousues dans son manteau, dormait à l'aube d'un sommeil lourd, lorsque partout retentit le cri fatal :

— Une alarme, une alarme !

— Allons, réveillez-vous, Mikhaïl Sémionitch. On va à l'assaut et vous continuez à dormir !

— C'est pour plaisanter, sans doute, les gamins ! se dit Koseltzev en ouvrant péniblement les yeux.

Mais en ce moment, il aperçut un officier au visage blême, courant effaré d'un coin à l'autre, et il saisit l'horreur de la situation.

L'idée qu'on pourrait le prendre pour un lâche, qui ne voulait pas rejoindre sa compagnie au moment critique, lui donna un coup d'éperon.

Il courut à toute haleine rejoindre ses hommes.

La canonnade avait cessé, mais la fusillade battait son plein, les balles sifflaient en essaim, comme une bande d'oiseaux d'automne qui volent au-dessus des têtes.

Toute la place que son bataillon occupait la veille était ensevelie sous la fumée.

On entendait les appels et les cris d'une foule en débandade, et des soldats blessés et valides se pressaient en masse au-devant de lui.

Après avoir couru l'espace d'une trentaine de pas, il aperçut sa compagnie massée contre un mur.

— Tout est-perdu! lui dit un jeune officier.

— Vous dites des bêtises! cria Koseltzev avec colère.

Il mit au clair son petit sabre obtus et clama :

— En avant, mes enfants, hourra!

Sa voix était si sonore et tonitruante, qu'elle l'éveilla lui-même. Il courut en avant le long du rempart, et une centaine de soldats le suivirent en poussant des cris. Il aboutit à une petite place ouverte. Les balles le criblaient comme grêle, deux s'abattirent sur lui, mais où l'avaient-elles frappé, et quel mal lui avaient-elles fait, il ne put s'en rendre compte. En avant, dans la fumée, il distingua des uniformes bleus et des pantalons rouges, et il entendit le murmure d'une langue étrangère : un Français se tenait au haut du rempart, brandissant sa casquette et jetant des cris.

Koseltzev savait qu'il marchait à une mort certaine, et ce sentiment lui donnait du courage.

Il avançait, avançait toujours. Plusieurs soldats le dépassèrent, d'autres vinrent de côté et coururent avec lui. Les uniformes bleus restaient toujours à la même distance, fuyant devant lui vers leurs tranchées, mais il se heurtait constamment contre des blessés et des morts.

Lorsqu'il arriva au fossé extérieur, tout s'embrouilla devant ses yeux, et il ressentit une douleur cuisante à la poitrine.

Une demi-heure plus tard, il était étendu sur une civière près de la caserne Nicolas, et il avait conscience de sa blessure, mais il ne ressentait pas de douleur ; il n'avait qu'un désir, boire quelque chose de froid et être couché plus commodément.

Le médecin, un petit homme gris à longs favoris noirs, s'approcha de lui et déboutonna son manteau !

Koseltzev regardait par-dessus son menton ce que le médecin faisait à sa blessure, mais ne ressentait aucune souffrance. Le médecin ramassa la chemise sur la plaie, essuya ses doigts aux pans du manteau et, sans mot dire, sans regarder le blessé, s'approcha d'une autre victime.

Koseltzev regardait inconsciemment autour de lui, et, se souvenant de sa conduite, il pensa avec satisfaction qu'il avait accompli son devoir; que, pour la première fois dans son service, il s'était conduit comme il fallait en faisant tout ce qui dépendait de lui et n'avait rien à se reprocher.

Lorsque le médecin pansa l'autre blessé, il dit quelques paroles à un prêtre qui se tenait là, ayant une croix à la main, et lui désigna Koseltzev.

— Dois-je mourir ? demanda Koseltzev au prêtre, quand celui-ci s'approcha de lui.

Pour toute réponse, l'ecclésiastique récita une prière et tendit au blessé la croix.

La mort n'effrayait pas Koseltzev; il prit la croix entre ses mains tremblantes, la porta à ses lèvres et fondit en larmes.

— Est-ce que les Français sont délogés? demanda-t-il au prêtre d'un ton ferme.

— Nous sommes partout victorieux! lui dit le ministre de Dieu en lui taisant charitablement que le drapeau français flottait déjà sur Malakov.

— Gloire à Dieu ! dit le blessé qui ne sentait pas les larmes qui coulaient sur ses joues.

Un instant il pensa à son frère.

« Que Dieu lui accorde le même bonheur ! » se dit-il mentalement.

XXIV

Mais un tout autre sort attendait Volodia. Il écoutait une histoire que lui racontait Vassine, lorsque tout à coup retentit le cri :

« Les Français, les Français ! »

Le sang afflua au cœur de Volodia, et il sentit ses joues pâlir et devenir froides.

Un instant il resta immobile, mais aussitôt il s'aperçut que les soldats boutonnaient assez calmement leurs manteaux et, l'un après l'autre, s'approchaient du blindage.

Melnikov dit même, en plaisantant :

— Allons, enfants, leur présenter le pain et le sel.

Volodia et Vlangue, qui ne le quittait pasd'un

pouce, sortirent du blindage et coururent à la batterie

La canonnade s'était arrêtée des deux cotés, et Volodia fut moins excité par l'air calme des soldats que par la poltronnerie misérable qu'étalait le junker.

« Est-ce que je lui ressemblerais ? » pensa Volodia; et il courut gaiement vers les mortiers.

Il vit distinctement que les Français marchaient droit sur lui et remarqua cette masse d'hommes avec les baïonnettes reluisant au soleil, qui se mouvait dans les tranchées.

Un zouave petit, large d'épaules, bondissait en criant, et sautait par-dessus les fossés.

— Lancez-leur la mitraille, cria Volodia en quittant la banquette.

Mais déjà ses soldats, sans attendre son ordre, avaient tiré, et le son métallique de la mitraille siffla par-dessus sa tête d'abord d'un, puis de l'autre mortier.

— Le premier, le second ! criait Volodia.

Il volait d'une pièce à l'autre, oubliant totalement le danger. A côté l'on entendait la fusillade de l'arrière-garde russe et les cris des hommes affairés.

Tout à coup, du côté gauche, retentit un cri

strident de désespoir, répété par plusieurs voix :

— Nous sommes cernés, nous sommes cernés !

Volodia, à l'ouïe de ce cri, leva la tête.

Une vingtaine de Français débouchaient de derrière. En avant, marchait un bel homme à barbe noire. Étant parvenu à une dizaine de pas de la batterie, il s'arrêta et tira droit sur Volodia, puis lui sauta dessus.

Pendant un instant, le jeune officier resta pétrifié sans en croire ses yeux.

Lorsqu'il revint à lui, il aperçut sur le parapet les uniformes bleus et à quelques pas de lui deux Français qui clouaient les mortiers.

Autour de lui, sauf Melnikov tué à ses côtés d'une balle et Vlangue qui s'était emparé d'un anspect et avait bondi en avant d'un air furieux et les pupilles baissées, il ne restait plus personne.

— Suivez-moi, suivez-moi ! criait Vlangue en brandissant l'anspect contre les Français qui arrivaient sur ses talons.

L'expression furieuse du junker les saisit ; il asséna un coup sur la tête du premier qui l'approcha et força ceux qui venaient derrière à s'arrêter court. Il continuait quand même à regarder en arrière pour appeler Volodia :

— Suivez-moi, Vladimir Semionitch, suivez-moi, pourquoi n'avancez-vous pas? Courez donc!

Il courut vers la tranchée, dans laquelle se trouvait l'infanterie russe qui continuait à faire feu sur l'ennemi.

Arrivé à la tranchée, il ressortit pour voir ce qu'était devenu son officier adoré.

A l'endroit où était Volodia gisait quelque chose d'informe, face contre terre, caché sous le manteau, et toute la place était remplie de Français qui tiraient sur les Russes.

XXV

Vlangue trouva sa batterie sur la seconde ligne de défense : des vingt soldats qui avaient été envoyés avec Volodia, huit seulement étaient encore vivants. A neuf heures du soir, Vlangue passa avec sa batterie à la Severnaïa sur un bateau rempli de soldats, de canons, de chevaux et de blessés. La fusillade avait complètement cessé, les étoiles continuaient à briller comme la veille d'un éclat aussi pur, mais un vent violent soulevait la mer.

Sur le premier et le second bastion des éclairs semblaient jaillir de la terre, des explosions ébranlaient l'air et éclairaient tout autour les étranges objets noirs et les pierres qui volaient au loin. Autour des docks s'allumaient des incendies, et la flamme rouge se réflétait dans la mer. Le feu de la batterie Nicolas éclairait le pont grouillant de monde.

Une énorme flamme semblait planer immobile au-dessus de l'eau sur le cap lointain de la batterie Alexandre, et éclairait le bas des nuages de fumée qui restaient en suspension au-dessus. Comme la veille, les feux de la flotte ennemie brillaient au loin calmes et insolents.

Un vent frais agitait la baie, et à la lueur des incendies, Vlangue voyait les mâts des navires russes, qui coulaient à pic, s'enfoncer de plus en plus dans l'eau.

Sur le pont du bateau on n'entendait pas de conversations, ni d'autres bruits que le rythme des vagues que fendait le vaisseau, l'essoufflement de la vapeur, l'ébrouement des chevaux et leur piétinement, les ordres du capitaine et les plaintes des blessés.

Vlangue, qui n'avait pas mangé de toute la journée, sortit un morceau de pain de sa poche et le porta à sa bouche; mais tout d'un coup, il se souvint de Volodia et sanglota si fort, que les soldats qui étaient à côté de lui le remarquèrent.

— Regardez notre Vlangue, il mange du pain et il pleure, dit Vassine.

— C'est drôle ! dit un autre.

— Voilà nos casernes aussi incendiées, continua le même soldat en soupirant. Ce qu'il y a péri des nôtres ! mais le Français ne les a pas prises. Au moins nous en sommes sortis vivants, et pour cela rendons grâces à Dieu ! dit Vassine.

— Tout de même, c'est honteux !

— Quelle honte y a-t-il là ? Crois-tu qu'il y fera long feu ?...

— Non ! On va lui reprendre tout cela. Aussi vrai que Dieu est saint, si l'Empereur le commande on le leur reprendra, fallût-il pour cela faire périr encore plus des nôtres. Et qu'est-ce que nous lui donnons ? Rien que des murs. Nous avons fait sauter tout le reste... Il a mis son drapeau sur Malakov, mais il n'ose pas entrer dans la ville.

Puis, se tournant du côté des Français, il ajouta :

— Attends, attends, nous règlerons encore nos comptes avec toi.

— Certainement, dit l'autre d'un ton convaincu.

Sur toute la ligne des bastions de Sébastopol où pendant tant de mois avait régné une prodigieuse activité, tout était mort, sauvage, affreux, mais pas calme : le travail de la destruction se continuait.

Sur la terre creusée par les explosions, partout gisaient des affûts tordus qui écrasaient des cadavres russes et français, des lourds canons qui se sont tus pour toujours, jetés par une force dévastatrice dans des fossés et recouverts de terre, des bombes, des boulets, puis de nouveau des cadavres, des fosses, des éclats de poutre et de blindage et encore des cadavres silencieux, en uniformes gris et bleus. Souvent ces cadavres se contractaient éclairés par la lueur rouge des explosions qui continuaient.

Les troupes russes de Sébastopol, comme une mer houleuse par une nuit sombre déferlant et se retirant, s'éloignaient lentement de l'endroit que pendant onze mois elles avaient défendu contre un ennemi deux fois plus fort, et qu'on leur ordonnait maintenant de livrer sans combat.

Pour chaque Russe, la première impression que produisit cet ordre fut une stupeur pénible, la seconde fut la crainte d'être poursuivi.

Depuis que les soldats avaient quitté les lieux où ils s'étaient déjà habitués à se battre, ils se sentaient sans défense. En masse et anxieusement, ils se bousculaient devant l'entrée du pont qu'un vent violent ébranlait.

Entrechoquant leurs baïonnettes, les fantassins se serraient les uns contre les autres par régiments entiers, les officiers à cheval se frayaient un passage pour donner leurs ordres. La population pleurait et implorait ; les brosseurs, avec les bagages qu'on ne laissait pas passer, grommelaient, et l'artillerie avec un grincement de roues se pressait dans la direction de la baie, impatiente de s'en aller.

Malgré l'entraînement des diverses occupations, le sentiment de la conservation de soi et le désir de s'éloigner le plus promptement possible de cet horrible lieu de la mort, hantaient l'âme de chacun. Ce sentiment se retrouvait chez le soldat frappé à la mort, étendu entre cinq cents blessés ; chez le milicien qui avait rassemblé ses dernières forces pour se glisser dans la foule compacte afin de laisser passer un général à cheval ; chez le général qui dirigeait le passage de la baie ; chez l'officier blessé que quatre soldats portaient sur une civière ;

chez l'artilleur qui pendant seize années avait gouverné le même canon et maintenant, par ordre de ses chefs et avec l'aide de ses camarades, l'avait jeté à la mer, et enfin chez les marins qui venaient de faire sombrer leurs vaisseaux et s'éloignaient dans des barques en ramant à tour de bras. Une fois de l'autre côté du pont, chaque soldat, l'un après l'autre, levait sa casquette et se signait.

Mais un autre sentiment encore pénible, lancinant et plus profond, hantait tous les hommes ; c'était un sentiment qui ressemblait au repentir, à la honte et à la colère. Chaque soldat, en regardant de la Severnaïa Sébastopol qu'on abandonnait, soupirait avec une inexprimable amertume au cœur et menaçait l'ennemi.

FIN

ÉMILE COLIN, IMPRIMERIE DE LAGNY (S.-ET-M.)

AVIS DE L'ÉDITEUR

Le but de la collection des *Auteurs célèbres*, à **60** *centimes* le volume, est de mettre entre toutes les mains de bonnes **éditions** des meilleurs écrivains modernes et contemporains.

Sous un format commode et pouvant en même temps tenir **une** belle place dans toute bibliothèque, il paraît chaque **quinzaine** un volume.

CHAQUE OUVRAGE EST COMPLET EN UN VOLUME

POUR LES Nos 1 A 405, DEMANDER LE CATALOGUE SPÉCIAL

406. GASTON D'HAILLY, **Un Cœur d'Or.**
407. FRÉDÉRICK HUCHER, **Œuvre de Chair.**
408. FERNAND-LAFARGUE, Les Amours passent...
409. VIGNÉ D'OCTON (P.), **Petite Amie.**
410. H. DE BALZAC, **Le père Goriot.**
411. TOLSTOÏ (L.) et BONDAREFF (T.), **Le Travail**
412. H. DE BALZAC, **La peau de Chagrin.**
413. WALTER SCOTT, **Le Nain noir.**
414. H. DE BALZAC, **La Femme de trente ans.**
415. WALTER SCOTT, **Le Château périlleux.**
416. H. DE BALZAC, **Le Médecin de Campagne.**
417. Mme ROBERT HALT, **Battu par des Demoiselles.**
418. H. DE BALZAC, **Le Contrat de Mariage.**
419. CAPITAINE DANRIT, Les exploits d'un Sous-Marin.
420. H. DE BALZAC, Mémoires de deux Jeunes Mariées.
421. JANE DE LA VAUDÈRE, La Mystérieuse.
422. H. DE BALZAC, **Le Lys dans la Vallée.**
423. TOLSTOÏ (L.), **Sébastopol en Mai et Août 1855.**
424. H. DE BALZAC, **Histoire des Treize.**
425. A. BARBUSSE, **L'Ange du Foyer.**
426. H. DE BALZAC, **Ursule Mirouët.**
427. PAUL PERRET, **Petite Grisel.**

En jolie reliure spéciale à la collection, 1 fr. le volume.

ENVOI FRANCO CONTRE MANDAT OU TIMBRES-POSTE

Imprimerie LAHURE, rue de Fleurus, 9, à Paris

www.ingramcontent.com/pod-product-compliance
Ingram Content Group UK Ltd.
Pitfield, Milton Keynes, MK11 3LW, UK
UKHW021127220726
13924UKWH00004B/1944

9 782019 917630